大夏书系·与大师同行

向经典致敬
——6位教师对话教育先哲

Xiang Jingdian Zhijing

孙明云 主编

华东师范大学出版社

图书在版编目（CIP）数据

向经典致敬：6位教师对话教育先哲/孙明云主编.—上海：华东师范大学出版社，2016

ISBN 978-7-5675-5465-8

Ⅰ.①向… Ⅱ.①孙… Ⅲ.①教育研究 Ⅳ.①G40-03

中国版本图书馆CIP数据核字（2016）第153742号

大夏书系·与大师同行

向经典致敬

——6位教师对话教育先哲

主　　编	孙明云
策划编辑	朱永通
审读编辑	朱　颖
封面设计	淡晓库

出版发行	华东师范大学出版社
社　　址	上海市中山北路3663号　邮编　200062
网　　址	www.ecnupress.com.cn
电　　话	021-60821666　行政传真　021-62572105
客服电话	021-62865537
邮购电话	021-62869887
地　　址	上海市中山北路3663号华东师范大学校内先锋路口
网　　店	http://hdsdcbs.tmall.com
印 刷 者	北京密兴印刷有限公司
开　　本	700×1000　16开
插　　页	1
印　　张	14
字　　数	184千字
版　　次	2016年8月第一版
印　　次	2016年8月第一次
印　　数	6 100
书　　号	ISBN 978-7-5675-5465-8/G·9665
定　　价	35.00元
出 版 人	王　焰

（如发现本版图书有印订质量问题，请寄回本社市场部调换或电话021-62865537联系）

目 录

朱煜对话孔子：孔子是我们的同行

003·我的经典阅读：孔子是谁
024·写给孔子的一封信：您是后世教师的榜样
028·孔子教育箴言

杨斌对话叶圣陶：叶圣陶教育思想及当代价值

041·我的经典阅读：叶圣陶教育思想及其当代价值
062·给叶圣陶的一封信：智者的灵光
066·叶圣陶教育箴言

王木春对话苏霍姆林斯基：相遇苏霍姆林斯基

077·我的经典阅读：相遇苏霍姆林斯基
100·给苏霍姆林斯基的一封信：当良知遭遇压力
104·苏霍姆林斯基教育箴言

邱磊对话杜威：一个人的教育学

115·我的经典阅读：一个人的教育学

137·给杜威的一封信：谈谈"教育目的"

141·杜威教育箴言

孙明云对话怀特海：生命·生活·生长

153·我的经典阅读：生命·生活·生长

178·给怀特海的一封信：阅读让我们改变

182·怀特海教育箴言

冷玉斌对话洛克：和洛克一起，缓缓前行

193·我的经典阅读：和洛克一起，缓缓前行

202·写给洛克的一封信："漫话"中存在教养大世界

209·洛克教育箴言

后　记

朱煜对话孔子

孔子是我们的同行

朱煜，中学高级教师。华东师范大学硕士研究生兼职导师。中国教育学会名师巡讲团特邀讲师。曾获全国小学语文教师素养大赛特等奖、最佳仪态奖和上海市园丁奖，是《小学语文教学》《教师博览》杂志签约作者。出版专著《讲台上下的启蒙》《教书记》《赵清遥的作文故事》。主编出版《新语文参考古诗文卷》《学科有效学法指导·小学语文》《迷人的阅读》，编写出版《古诗全脑学习法》《小学生朱自清读本》。参与编著出版《轻轻松松学作文》《新语文作文》《亲近作文》《小学生作文快速提高》等作文教学书籍十余册（套）。现为上海市建平实验小学课程教学部主任。

> 我的经典阅读

孔子是谁

各位老师下午好,刚才我上了一堂特别的课。我为同行做讲座不少,上公开课也不少,但是给同行用上课的形式讲《论语》,是第一次。永通兄希望我在这次活动中给大家讲讲孔子,我接受任务后就一直在想,用什么形式呈现、怎么讲,才能让二十多个老师都有发言的机会,最后就决定用小组合作的方式。从刚才的课堂效果来看,我的选择是正确的。因为我一个人所提供的信息、观点毕竟有限,大家一起交流,信息量就大了很多。在刚才的课堂交流中,我与大家一起学习《论语》,一起体悟孔子。在课堂上,我并不是一名教师,我只是一次读书会的主持人。课堂上,每个小组的发言都很精彩,尤其是那些来源于教育教学实践的案例,老师们讲得太好了,它们那样鲜活,又与古老的《论语》产生了密切的关联,这样的感觉真是太奇妙了。我想,在台下听课的各位老师听了刚才台上老师们的交流,也一定有不少收获和启发吧。

下面,我向大家汇报我读《论语》的感受,题目叫作《孔子是谁》。我在念初中的时候,因为喜欢传统文化,所以自己买了四书五经来读。那是上海古籍出版社出的,影印本,字小行密,读起来很费劲。最早读的就是《论语》。我在好几篇文章里都提到过,我父亲在我小时候经常说:"己所不欲,勿施于人。己所欲,也勿施于人。"这两句话成了我读《论语》的敲门砖,一把钥匙,一个基本的路径和方法,或者说是一个阅读策略。孔子说过,己所不欲,勿施于人。可我父亲却告诉我,己所欲,也勿施于人。这真是很重要的一种观念。几年前,听复旦大学的汪涌豪教授讲座,他也这样说。当时,竟有些激动呢!

我喜欢读书,所以经常有人叫我推荐书。其实,贸然为别人开书单、推荐书是我最不愿意做的事情。因为己所欲,也勿施于人。你喜欢看的书,别人不一定喜欢。别人喜欢的书,你也不一定知道。所以推荐书籍是件很难办好的事情。某知名网站已经连续两年寒假暑假邀请我和一些朋友为小学生推荐书目,前几天他们又找我说,快到寒假了,你再推荐一些书目。说实话,我有点害怕了,我已经推荐四次了,我的阅读量再多,终究也是有限的。而且现在童书多,我又看得少,自己都没有读过,怎么好去推荐。说这个例子,无非想和大家说一个意思,就是孔子虽然生活在两千五百年前,但实际上离我们不远。他的很多言论,对我们而言依然是很有价值的。

一 孔子的生平

我们先来回顾一下孔子的生平。

孔子三岁时失去父亲,十七岁时失去母亲。孔子的父亲叫孔纥,身体强壮,当过武官。有一次,孔纥所在的军队攻入一座城池,守城的士兵则放下闸门。眼看入城的先头部队要被隔绝在城里,孔纥立刻用手托起闸门,让先头部队退出城去。孔子的母亲不是他父亲的原配,两人结合时,岁数相差几十岁,这在当时是不合礼数的。所以孔子的父亲死后,孔子母子在整个家族里便不受待见。孔子的母亲去世后,孔子想将父母合葬在一起,却不知道父亲葬在哪里。后来费了一番周折,才打听到他父亲安葬地点，才把母亲和父亲葬在一起。孔子的祖先是宋国的贵族，宋国的君主是商朝君主的后代，都城在河南商丘。孔子十九岁结婚，二十岁生子，他的孩子生下来时，鲁国国君送了一条鲤鱼表示祝贺，他就给儿子起名叫孔鲤。

孔子在三十四岁到三十五岁之间做了两件很重要的事情。第一件事情是去洛阳拜访老子。老子是当时的国家图书馆的馆长，孔子向他请教周礼是怎么样的。孔子生活在一个战争频发、礼崩乐坏、王纲解纽的年代。西周初年，周公所创立的各种制度和人的行为准则被一一破坏。在鲁国出现了国君没有实权，甚至被自己的大臣们赶走的事。不过大臣也好不到哪去，有时候他们会被自己的家臣要挟，失去权力。这真是君不君，臣不臣，父不父，子不子。孔子对这样的时代深恶痛绝，他一心要恢复周礼。

据说孔子小时候特别喜欢看别人祭祀，对整个祭祀的操作流程非常熟悉。所以当时很多人举行祭祀活动遇到不清楚的地方，就向他请教。在那个时代，祭祀是极为重要的政治、社会活动，所以熟悉祭祀礼仪的孔子很快成了名人。另外，孔子很博学，这也是他出名的一个重要原因。孔子曾经对学生说，自己没有机会做官，但因此有时间学会了各种本领。孔子还曾谦虚地说，自己没什么本事，只会赶车而已。

关于祭祀，在这里不妨多说几句。我是土生土长的上海本地人，我们对祭祀这件事依然是很重视的。到了家族祖先的忌日、除夕、冬至等日子，我们是一定要在家里举行祭祀活动的。祭祀的过程非常复杂。我母亲会烧一桌好菜，通常是四荤四素。菜放在八仙桌上，桌子两边放上酒杯、筷子。点上蜡烛，再上香。用香把先人"请"进家门，点蜡烛是让先人可以在光亮中用餐。然后冲泡糖水，以水代酒。在一个个小杯子里加糖水时，母亲会再三提醒你不能碰到凳子和桌子，因为祖先都已入座。在整个过程中，要加三次糖水，正所谓"酒过三巡，菜过五味"。加一次"酒"

要给他们磕一次头,按照顺序,先男后女,先长后幼。三次"酒"加完,烧锡箔。母亲先在地上画出数个白色的圆圈,每个圆圈里放上数量不等的锡箔。一边烧,母亲还会念念有词,提醒先人们来取"钱"。小时候,我们都觉得祭祀过程很麻烦,特别是对祭祀中的种种繁琐的规矩实在没有好感。不过,现在对家族祭祀的感受已经完全变化了。

孔子生活的年代,社会经济不发达,生产技术也落后,人要吃饱肚子活下来,特别需要家族团队合作,需要从先人、父兄那里学到生存技能。你孤单一人,没有办法活下去。所以,孔子讲"慎终追远",重视"孝悌",这是很有道理的。孝道、敬仰先人,这些观念通过家庭教育,通过祭祀仪式传播给一代又一代人。这些观念是构成中国精神世界的重要部分。祭祀仪式实际上是一种教育过程,让参与其中的孩子慢慢变成文化意义上的中国人。现代人清明节祭扫,重阳节敬老,中秋节家人团圆,这些日常生活,其实都是重要的仪式,我们靠这些仪式来传承温柔敦厚的传统。看似繁琐的规矩能让人心生敬畏,敬畏之心不正是这个时代最需要的吗?

孔子在这个时期做的第二件事是去了一次齐国,并在齐国听到了韶乐。韶乐是起源于距今五千多年前的宫廷音乐,它将诗歌、舞蹈、音乐整合在一起。夏商周三代的君王都把韶乐当作国家举行重大典礼时的用乐。韶乐传入齐国后,有了革新与发展。孔子听后,三个月不吃肉——这乐声真是太美妙了。孔子喜欢音乐,喜欢诗歌。他应该会演奏乐器,只是演奏的是什么,我们不得而知。不过,一个有音乐、诗歌素养的教师对于学生有多重要,我们是可以想见的。我猜,孔子应该会经常与学生说说诗歌,高兴起来,应该也会让学生们敲敲打打,弹奏一首曲子出来。

孔子去齐国,当然不是只为了听场古典音乐会。那时鲁国发生了叛乱,国君鲁昭公讨伐贵族季孙氏失败,流亡到齐国。孔子看不下去,就来到齐国,想找机会做官,实现自己的理想。可是齐景公对他说,自己老了，干不了什么事情，不能任用孔子。加上当时齐国有人想加害孔子，孔子只好逃回鲁国。

孔子在三十六岁到五十岁之间，一直在家乡教书。虽然他还是想做官，但没有机会。一直等到五十一岁时，机会终于出现了。当时鲁国国君鲁定公让孔子当上中都宰，也就是首都市长。据说任职才一年，就把首都治理得很好。于是孔子升职了，当上了司空，相当于水利和建设部长。后来又升为司寇，相当于司法部长。孔子进入了鲁国政治中心，他决定削弱把持鲁国朝政的三家大贵族的势力。最后，成功拆除了两家贵族的城堡。孔子的成功，引起了齐国的担心，怕鲁国强大了对自己不利。于是他们使用离间计，让鲁定公不再信任孔子。孔子只好辞职，带着学生周游列国。

经过十四年的颠沛流离，孔子最后还是回到鲁国。此时，人已老迈，一事无成。孔子六十九岁的时候，他唯一的儿子孔鲤死了。白发人送黑发人，这对孔子的打击很大。七十一岁的时候，孔子最得意的学生颜回死了。在外人看来，颜回聪明刻苦积极，几乎就是一个小孔子。在当时，孔子活到那么大岁数，绝对是长寿老人，抽时间将自己的观点、言论编辑成册，流传后世，应该不难做到。可他没有那么做。《论语》是他去世后，他的学生编纂而成的。有人猜测，孔子可能原想让颜回为自己整理著作，没想到，颜回竟死在自己前面，所以孔子非常痛苦，大声哀叹，说老天这是要杀死我啊。对一个老人而言，后继无人实在是叫人绝望的。

孔子七十二岁的时候，与他最亲近的学生子路也死了。子路本在卫国做官，后来参与了卫国的内乱被政敌杀死，还被剁成肉酱。消息传到鲁国，孔子马上让人把家里的肉酱都盖起来。卫国就在今天的河南濮阳。孔子特别喜欢去卫国，在卫国待的时间很长，甚至在那里做官。子路的死对孔子而言也是重大打击。子路与孔子相处三四十年，是孔子的早期学生，他们感情非常好。经历了这些打击后，孔子在七十三岁时去世了。

二　孔子的衣食住行

接下来，我们了解一下孔子的衣食住行。孔子真的是很讲究礼仪。孔子认为，衣食住行这些在日常生活中也是有礼的。

他说："齐，必有明衣，布。齐，必变食，居必迁坐。"意思是斋戒时，必须沐浴更衣，食物必须改变，居住的环境也要改变。

他说："色恶，不食。臭恶，不食。失饪，不食。不时，不食。割不正，不食。不得其酱，不食。肉虽多，不使胜食气。唯酒无量，不及乱。沽酒市脯，不食。不撤姜食，不多食。祭于公，不宿肉。祭肉不出三日。出三日，不食之矣。食不语，寝不言。虽疏食、菜羹、瓜祭，必齐如也。席不正，不坐。"意思是食物的颜色变了，臭了或者烹饪火候大，他不吃。不到吃饭的时间，他不吃。肉切得不对，他不吃。酱搭配得不对，他也不吃。可以喝点酒，但不能喝醉。在市场上买来的酒和熟肉他不吃。食不言，寝不语。哪怕是吃粗粮、喝菜汤、吃瓜的祭祀，也要郑重其事地举行。坐席摆得不端正，孔子不坐。

这些生活小细节，孔子认为都是很重要的礼仪。说到这里，我忽然想起刚当教师的时候，有一次学校举办一个大型教学活动，邀请了很多领导、同行。那时候，贾志敏老师是我的校长，他对我说，你去看一下还有哪些嘉宾没有到。于是，我跑到嘉宾席旁，悄悄地伸出手指数着。正好被贾老师看到了，他赶紧说，不要用手指。当时我一下子明白过来，脸涨得通红。用手指人，是极不礼貌的。

还有一次，是在一个冬天，我和儿子在一个小饭馆里吃饭。外面寒风呼啸。一个顾客吃完饭，出了门，没有随手关门。我对儿子说："冬天，进进出出时一定要记得随手关门。开门关门时一定要往后看看，是否还有人在。我们来看看，今天有多少人没有养成随手关门的好习惯。"于是我们一边吃饭一边注意着店门。令人遗憾的是，十人之中，起码有八个人是没这习惯的。问题出在哪里？我想，家庭教育、学校教育、社会环境等都出问题了。现在很多学校都在让小学生读《弟子规》、读《论语》，说是希望学生读过这些书后，能获得传统文化的滋养。这话说得太宽泛了。我看，首先要让学生懂得在日常生活中应该如何处事待人，如何讲究礼仪。光让学生读古籍，他们是学不会礼仪的。要靠教，还要靠练，练了才能成为习惯。我举一个自己的例子，我儿子小时候，我对他说，如果提前吃完饭，要离开餐桌，那么必须得向同席的人说一声"我吃好了，你们慢慢吃"。一开始，儿子常忘记说，每次忘记，我就提醒他。慢慢地，习惯就养成了。

《论语》这么古老的一本书，我们到底要从中学到什么，我认为，第一个就是温良恭俭让。我们要将温良恭俭让变成自己的行为方式和思维方式。经过几千年的儒家文化的熏陶，中国人本来是很"温良恭俭让"的，但后来这样的好性情消失了。所以我们要把它重拾回来。刚才上课前，有一位老师给我倒了一杯水。我上完课喝了一口，已经凉了。过了一会儿，我准备开始讲座，想拿杯子喝口水时，发现已经有老师给我加过水了，是温的，不凉了。我想，这就是体贴，这就是推己及人。这就是"礼"的最好呈现。

《论语》中说："子温而厉，威而不猛，恭而安。"还说："子所雅言，《诗》、《书》、执礼，皆雅言也。"意思是，孔子看上去温和而又严肃，威严但不凶猛，恭敬安详。读到这句话时，我的脑海里不知怎的，就浮现出一个质朴的山东老汉的形象。雅言是当时的官方语言。孔子在念诗、读书、主持仪式时，都说雅言。在这些正式场合，孔子是不说土话、不规范的话的。那时的雅言是怎样的呢？我很好奇。会不会有点像现在的广东话？

读了以上这些句子，我们是否会情不自禁地说，孔子真是一个文雅有教养的人。我又要忍不住说到现在的中国人了。当下经济发展，收入增加,出国旅行是很常见的事了。于是,各种关于中国游客不文明的报道也经常出现在各种媒体上。国家旅游局也在呼吁大家要文明出游。我常想,一个礼仪之邦,国民的素养怎么会变成这样了呢?我们已经有了太多的高科技,可是在基本礼仪方面,我们怎么会连两千多年前的古人都不如了呢?

三 孔子的观点

儒家学派的基本观点在《论语》中讲得清晰明了。学生问孔子,什么是仁?他说,就是爱人。老师们,我们静下心来想一想,这话是两千多年前的人说的,太震撼了。

好多年前,我看过一个电影,名叫《阙里人家》。讲的是孔子的后代们在新时期里的故事。有个镜头,我印象很深。著名表演艺术家朱旭先生扮演的祖父为孙子讲解什么是"仁"。他说,仁就是处理人与人关系的学问。人与人应该如何相处呢?很简单,就是爱别人,尊重别人。

曾子曰:"夫子之道,忠恕而已矣。"忠是对别人说的,忠于自己的职责,忠于别人的托付。恕就是己所不欲勿施于人,就是将心比心。孔子说刚正坚毅,不巧言善辩、夸夸其谈,就能成为仁者。仁是一个很大的概念,也是很小的概念。比如,在家庭生活中,仁就是孝道,就是尊敬兄长;还要言而有信,关爱周围的人。如果还有余力,就再学一点文化知识。用孔子的话就是:"弟子入则孝,出则悌,谨而信,泛爱众,而亲仁。行有余力,则以学文。"怎样才能做到上述这些——孔子提醒我们要克己复礼。他认为每个人心中都有善与恶,要不断克制住心中的小恶,才能发扬好内心的大善。

有人问孔子,礼的根本是什么?孔子说:"大哉问!礼,与其奢也,宁俭;丧,与其易也,宁戚。"意思是,礼是很大的学问。但与"仁"一样,在日常生活中也是随处可见。比如，举办仪式时，不要铺张，不要大操大办，这都是符合礼的。我们之前反复提到孔子对各种礼仪的重视，但千万不要误以为孔子喜欢繁琐复杂，不是的，孔子也讲究简洁明了。孔子追求的不是抽象的繁复的礼，而是与人的身份相一致的礼，也就是社会上每个阶层的人都遵循应该遵循的礼仪，做应该做的事，说应该说的话。各安其位，天下才能太平。有一点要强调一下，孔子的时代，礼崩乐坏，所以孔子非常强调等级观念。但是走进二十一世纪，我们必须看到，等级制度会带来极大的社会不公。作为现代人，作为教师，我们需要传递给学生的是民主平等的意识。

《论语》中论及君子与小人的地方很多，可见，孔子是非常重视"君子"这个命题的。懂得"仁"和"礼"，才能成为君子。孔子被后人称为圣人，但孔子从来没说过自己是圣人。孔子活着的时候，他的学生说孔子是圣人。孔子急忙反对，说我根本不是圣人，不要这样说。不过，孔子死后他的学生们纷纷把他当作圣人，各朝各代的统治者需要拿儒家学问作为统治国家的工具，装点门面，更是将孔子封为圣人。可大家要知道，孔子没有说过自己是圣人，他一直希望自己成为君子。

我从《论语》中摘录了一些"君子与小人"的观点，现在读来，依然有启发——

> 子曰：君子食无求饱，居无求安，敏于事而慎于言，就有道而正焉，可谓好学也已。
>
> 子曰：不知命，无以为君子也；不知礼，无以立也；不知言，无以知人也。
>
> 子曰：君子不器。
>
> 子曰：君子矜而不争，群而不党。
>
> 子曰：君子坦荡荡，小人长戚戚。

子曰：君子上达，小人下达。

君子就是有贵族精神的人。在孔子生活的年代，贵族精神已经没落，甚至成为被嘲笑的对象。因为有些人认为，贵族精神认死理、不变通，占不到便宜。可是，换一个角度看，大家有没有觉得当下的中国人太会变通、太不讲究规矩规则、做人做事太马虎了。我觉得，这是场大灾难。没有规则，没有法制，世道不是乱套了吗？刚才上课时，我在第一小组交流结束后，提醒后面的三个小组一定要按照既定交流顺序操作。这就是程序，这就是规则。如果不强调，那么说到最后，就全乱了。我们平时让学生开展小组合作学习，首要的不是学到多少知识，而是体验团队学习时的规则意识。课堂上的这些小细节，在我眼中，绝对不是可有可无的，而是极为重要的。

孔子认为，一个君子，看到别人的长处，就会上前求教。他认为，君子是知天命的人，不会违逆天命行事。孔子的意思是要看破天命，认命，不认命不行。前段时间，我在网上看到一篇文章，作者原在农村学校教书，后来经过努力来到一座大城市，成为出色的小学教师。他在专业上对自己有要求，两次参加全国教学大赛，花费很多心血汗水，可是天不遂人愿，都因为各种客观原因没有成功。我想，这大概就是命吧。正所谓谋事在人，成事在天。

孔子说，不知礼，没法在这个社会上立足，不懂得辨别别人的话，就看不清对方是怎么样的人。从这句话，就可以看出孔子是个敏感的人，这应该与他不太如意的童年生活经历有关。

孔子认为，君子不能把自己当作一个器物。比如，今天各位在这里听了两场报告，分享了很多老师的观点与实践，你千万不要只是机械地接受，不要把自己当成一个装别人思想的器物，而是要有所思考才好。

孔子说，君子应该是坦坦荡荡的，而小人常常是卑微怯懦的，总好像有什么心事。我想,君子的坦荡是见识高明、学养深厚的外显吧。教师每天面对学生,几十个孩子看着你的神色、看着你的举止,教师的精神状态如何,是教育中极为重要的一件事。我们虽然做不到君子那样,但呈现给学生一个阳光、积极的状态,还是可以做到的。

君子与小人的命题,已经成为中国人价值判断的核心要素,值得我们经常找出来读一读,温故而知新。

四　像孔子那样教学生

以教师身份读《论语》,我读出四个关键词:有教无类、毫无隐瞒、因材施教、循循善诱。

孔子生活的年代,教育不能普及,好多人连人身自由都没有。所以孔子提出有教无类,各种各样的学生都可以教,这是很伟大的。

第二个是毫无隐瞒。孔子对学生很坦诚,把学生当作自己的孩子,他说:"二三子以我为隐乎?吾无隐乎尔。吾无行而不与二三子者,是丘也。"意思是说,我对你们一点没有隐瞒,如果我对你们隐瞒,我就不是你们老师。不要以为我有东西瞒着你们,我把自己的东西全教给你们了,把我对你们的判断全说给你们听了。

《论语》这本书有一个很大的好处,就是真实。透过那些文字,我们好像真的能感受到孔子的音容笑貌。书中甚至连孔子骂人的话都记下来了。孔子的学生宰予能说会道,可是有点懒惰。有一次,宰予白天睡大觉,孔子发现了,就说:"朽木不可雕也,粪土之墙不可杇也,于予与何诛?"现在哪个老师会这样评价学生?孔子很有趣,他就这么讲了,别人还记下来了。

第三个是因材施教。这不是孔子自己说的,是后人读了《论语》提炼出来的。孔子对学生观察很细致,对学生的特点清清楚楚。所以他跟学生说话，往往是针对学生的具体情况，同样一个话题，面对不同学生，会有不一样的说法。这就是小班化教学的好处了。现在很多学校班额很大，五六十个孩子挤在一个教室里，教师要细致入微地关注每个孩子，并有针对性地教学，几乎是不可能的。不过，孔子的教学实践还是可以给我们带来启发。比如，我们可以组织有效的小组学习，老师无法具体指导每一个孩子，但深入一个小组还是可行的。

第四个是循循善诱。孔子很懂得学生的学习规律，他知道，学一样知识、发展一种能力，教一次两次是不行的，必须举一反三。他说："不愤不启，不悱不发。举一隅不以三隅反，则不复也。"颜回是非常善于举一反三的学生，所以孔子特别喜欢他。颜回说："夫子循循然善诱人，博我以文，约我以礼，欲罢不能。"这样的话，可见师生相知。子贡还说，颜回听到了一，就知道了十。而他自己听到一只能知道二。

讲到举一反三，孔子还有一句话值得我们注意，他说，如果一个孩子不太会举一反三，就难教了。孔子是一个伟大的教师，但绝不是一个无所不能的教师。有些学生光靠教师一方是教不好的。对此，孔子有很现实的认识。当下的教师承受着诸多压力，其中一条就是，很多人认为，只要把孩子送到学校里，教师就能把他教好，也应该把他教好。但在教育问题上，很多时候，家庭教育的影响力要比学校教育大得多。有一种说法叫"五加二小于七"。意思是，五天的学校教育，如果遇到不佳的两天家庭教育，效果会大打折扣。

说完了怎么教，我们再来说说怎么学。这是学生的事，更是老师要关注的事。

第一个是群学意识，乐学为先。孔子说，三人行，必有我师。我们是不是可以将"三人"理解成一个学习小组，一个学习团队。孔子讲究互学互助。在信息爆炸的时代，团队的作用更是体现在社会生活中的方方面面。学习、工作，都需要依靠团队，才能获得更大的成绩。孔子还说，知之者不如好之者，好知者不如乐之者。也就是说，有了兴趣才能乐于学习、主动学习。

第二个是博学于文，多闻阙疑。孔子认为，要博学，要善于发现问题、提出问题，这是学习的好方法。学会质疑，就是学会了独立思考。教会学生独立思考，就是让学生获得了思辨力，这对学生的终身发展大有好处。

第三个是复习思考，记忆联想。孔子说，"温故而知新，可以为师矣"，"学而不思则罔，思而不学则殆"。孔子提醒我们，要经常复习、经常思考，要注意知识的贯通，不要死读书。这是符合学习规律的。

第四个是毋意毋必，毋固毋我。孔子说，学习时有四件事情绝对不做。面对学问，你可以设想、可以提问，但不要乱猜。不要固执地坚持自己的意见，应该多听别人的说法建议，不要主观臆断。

一口气说了这么多条条杠杠，下面举几个例子说说我的体验。

我现在教五年级。这个班一至四年级不是我教的。开学不久，我布置了一个作业——写篇日记。有一个学生这样写：

今天老师叫我站起来读古诗，我读得很好，比张家兴还要好。老师说我比他聪明，但后来我又被他反超了。

五年级的孩子写这样一篇日记，说明这个孩子的学习基础是相当弱的。面对这样的孩子，你会怎么办？批评他，叫他重新写？把他家长找来谈话？这些都不是好主意。我给他留了一条评语，我是这样写的："虽然你只写了一句话，但是句子通顺，字迹工整。只要你听我的话，我就传你一道法术，让你一口气能写出两百个字。"大家听到这儿，都在笑。是不是觉得我的评语很滑稽很好玩。这样的评语有用吗？我告诉大家，从此，这个孩子听课认真起来了，因为他感受到老师的亲近、老师的善意。当然有的时候他还会开小差，但只要一提醒，就会改正。现在三个月过去了，每次日记他已经能写到一百多字了。我相信到放寒假的时候,他是可以写到两百字的。

我也遇到过强的学生。上个学年度,我也教五年级。那个班是我从四年级开始教的。教到五年级,学生的语文能力已经很强了。每天给这个班上课绝对是一种享受,因为他们总是让我在教学中获得各种惊喜。临近学期结束,我说,我给你们上一节作文课吧,并且把它拍摄下来,留作纪念。那次课的主题是"生活中的小镜头",很多孩子在课堂就写出了很精彩习作。念一篇给大家听。

> 那天我犯了错误,被罚不能吃晚饭。我只好待在房里,听着爸爸妈妈摆好碗筷端上了菜。我紧张地听着。"三文鱼真不错。"我顿时愤怒了,为什么偏偏是今天犯错误。再一听,楼下传来了响亮的啧啧声,我忍不住了,悄悄地下了楼。只见爸爸妈妈的面前放着一大盘新鲜的三文鱼,他们小心翼翼地夹起一片鱼肉放到眼前,仔细端详,让三文鱼在灯光之下散发出诱人的光芒。然后满足地眯起眼睛,好像在对着一个看不见的评委表演。我往前探了探身子,只见妈妈不急不慢地把鱼肉塞进了嘴里,用力嚼了起来,嚼得啧啧有声。最后,还大舒了一口气,大声说:"入口即化。"而爸爸正在对着空气挤眉弄眼,一下子就把鱼肉吞进肚里,那声音简直是像上了天堂。我看得愈发生气,躲在墙角生闷气。过一会儿,再一看,他们已经把三文鱼干光了。

那天,我把学生当场写的作文纸都收藏起来。

也还是这个班,在上那节作文课之前,我给他们上了《穷人》一课,这是托尔斯泰的作品。课上完,我写了一段笔记,记录下孩子们在课堂上的光彩,给大家展示一下:

今天用文学欣赏的法子上《穷人》，教欣赏的方法，继续用板书引导铺垫，然后平等自由地交流。课上到最后，学生抢着说阅读体会。张琳洁说，她注意到课文第一节中写到桑娜的小屋温暖而舒适。一方面说明桑娜很能干，另外也说明他们夫妻很善良，因为善良，所以家才温暖。同时也暗示我们故事最终会是一个好的结局——邻居家的孩子被收养。

也有学生注意到最后一句话——"你瞧，他们在这里啦。"一个孩子说，这个"啦"字写出桑娜在对丈夫撒娇。另一个孩子反驳说，"啦"字写出了她的开心。因为自己没有说要收养邻居孩子的事，而丈夫主动说了。第三个孩子说，"啦"字也写出了夫妻俩想法一致，一样善良，桑娜为有这样的丈夫很开心。

如果托尔斯泰听到一群中国孩子对他的作品有以上这些讨论，应该会很开心吧。

面对这样的学生差异，我们应该怎么做？我想，首先是鼓励。用鼓励增强学生的自信心，用鼓励让学生看到美好的愿景。经过我的鼓励，刚才那个写一句话日记的孩子，如今已经成为我上公开课的好帮手。每次我上公开课，他都特别专注。每当别人回答不出问题时，他总能举手发言，说出质量很高的答案。有同事问我，怎么转变这个孩子的。我说，很简单，就是拼命鼓励。当然具体操作起来，又不简单，因为孩子会有反复，你得花时间耐心地琢磨，时不时地变化鼓励的方式。第二，你要教。弱的孩子，要教；强的孩子，也要教。不要以为，上《穷人》时，那些精彩的发言是孩子们天生就能说出来的。不是的，那是反复教了之后，学生学会了如何去读一篇好文章，然后才能说出自己感受。有一次，我教巴金的《繁星》。我对学生说，好文章中常有一些看似不合理的句子，但往往又具有深意。然后引导学生通过小组合作，用学过的方法寻找这类句子并质疑。

一个学生说,"静寂的夜"应该是听到的,作者为什么说是看到的?一个学生说,"星光微小"与"光明无处不在"是不是矛盾了?于是,我就顺着学生的提问教下去。学生发言前,我并不知道他们会说些什么,因此,当听到上述发言时,我很惊喜。好好地教,经过一段时间的积累,学生就能学会,就能让老师越教越开心,越教越轻松。当然,教基础好的孩子和教基础差的孩子,方法是不一样的。

举这些例子,我想说明的是,孔子的教学方法,今天依然有用,值得我们好好学习,好好体会,好好实践。

五　孔子的价值

孔子除了是一位伟大的教师之外,还是当时学问最大的人,是当时重要的社会批评家,他开启了百家争鸣的新风。但他很谦虚,总是很低调地评说自己,《论语》中有这样一些句子:

太宰问于子贡曰:"夫子圣者与?何其多能也?"子贡曰:"固天纵之将圣,又多能也。"子闻之,曰:"太宰知我乎!吾少也贱,故多能鄙事。君子多乎哉?不多也。"

牢曰:"子云,'吾不试,故艺。'"

子曰:"默而识之,学而不厌,诲人不倦,何有于我哉?"

教师要诲人不倦,就必须学而不厌。我再说一个自己的例子。

记得是在2012年4月,我接到区教研室组织的小学语文阅读教学比赛的通知。我将通知转发给一些年轻老师,鼓励他们参赛,谁知没人愿意。我一时兴起,决定自己参加。一来,我从未参加过这类教学比赛,将来退休了,会觉得职业生涯不够完满。而且常听人说,参加这类比赛如同扒掉几层皮,我想试试,看看是否真的这样痛苦。二来,当时我已经四十出头，我想用自己的行动激励学校里的青年教师，告诉他们，教师的专业成长与年龄不是负相关的。

比赛开始了，第一个项目是笔试。走出考场时遇到几个我带教过的青年教师，他们也是参赛选手，见到我，他们露出惊讶的神情，我忽然觉得脸有些发烫——换一个角度想，确实有与青年老师争荣誉之嫌。可是，开弓没有回头箭，只能往前走。

第二个项目是课堂教学比赛，区里要求拍摄比赛录像。我扛着录像机走进赛场，先自己调试好机器，再回到讲台前开始上课。评委看着我的举动暗暗发笑。我笑道，老教师了，不好意思麻烦别人，自己的事情自己做。

区里的比赛结束了，我被推选到市里再比，也是笔试加上课，最后获得了最高奖项。2014年4月，区里又推选我参加市里的作文教学比赛，也有幸拿到了最高奖项。

传说中的"扒皮"始终没有出现。朋友笑着说："你是成熟教师，参加比赛不必给你安排指导团队。这就避免了一会儿这位出主意，一会儿那位提思路，建议多得不知道听谁的好，自然不会觉得痛苦。"

经历了几次比赛，心愿达成，便不再作参赛之想。谁知今年上半年，突然接到通知，要我代表上海去南京参加全国小学语文教师素养大赛。我连忙谢绝——一则年纪太大，二则听说这个比赛不仅要比上课，还要比才艺，才艺我并不擅长。可主事者是朋友，一番说解后我还是答应了。参加这样的比赛通常是要集训的吧，可是我整天忙于教书、读书，有了想法还喜欢动动笔，实在没时间。我想，就把每天上课当作训练吧。运动员是自己，教练也是自己。

11月，我到南京参赛。可能因为天气寒冷，朗读比赛、板书比赛时，整个人完全舒展不开。评委当场亮分、计分——分数不高。虽是意料之中，但也有些意外。才艺比赛开始，赛场顿时变成电视台的演播大厅。华美的服饰，精彩的表演，新奇的创意，让人目不暇接。我听到有观众在说，这些选手做语文老师真是可惜了。轮到我上台了，没有音乐，没有背景，只是写几个毛笔字，吟诵一段古诗。我用最简洁的方式呈现我认为的小学语文教师应该有的基本素养。比赛间隙，一位选手的陪同老师见我独自坐在一旁，就过来闲聊，开口就说："你一个人啊？很淡定啊。"说实话，紧张还是有的，毕竟没有表演基础，毕竟没有事先操练。台上空空的，只有我一人，很不习惯。只有面对学生时，我才会进入兴奋状态。

那节比赛课我上得很兴奋。我努力用风趣的话语帮助学生忘记这是一场比赛。很快，学生仿佛真的忘记了，甚至连台下几千位观众也被他们忽略了。孩子们好像就在自己的教室里，不停地举手要求发言，说真心话，说想说的话。一位同学已经将一个问题阐述得很清晰，但其他同学还想补充。可惜此时下课的哨声吹响了。教的过程有了，学的经历也有了。课后马上进行客观题问答，可我还沉浸在刚才的教学氛围中，甚至连主持人读的第一道题都没听清。兴奋的状态一直持续到主观题问答阶段。一位老师将我的发言过程拍摄下来，当晚就传到网上。一个朋友看后打趣说："你完全不像在参赛答题，而是在演讲，是在为台下老师做培训。"

没想到四十岁之后，三年里竟连续参加了多项不同种类级别的教学比赛。在南京，杨再隋教授评价我的课堂教学时说："言语实践很充分，师生对话平等有效，教师只在关键处点拨、引导。整个教学过程颇具匠心，环环相扣，前一个环节总为后一个环节做铺垫。"我没有沾沾自喜，我知道自己只是比一些选手虚长了些年岁，多一点教学实践、教学经验而已。我没有把杨教授的话仅当作是对一节课的点评，而是当成对我多年来实践的肯定。学一样特长才艺，不难。但与时俱进地完善自己的知识结构，不断增进对儿童的了解，尊重儿童，持续摸索适合当下小学生的教学策略方法，努力缩短因年龄增长而与儿童产生的距离，真是很难。让一个观点变成教育教学技能，再转化为思想意识，个中艰辛，甘苦自知。但只要你还在教师岗位上，就必须摸索、努力下去。过程中，倦怠、困顿在所难免，好在有杨教授这样的前辈鼓励指点，更有孩子们的进步可以增强继续前行的信心和勇气。

我想唯有教师不断努力，把学生放在心上，提高教学能力，才能使更多这样的孩子出现在课堂上。

在这次比赛中，我获得了特等奖。发表获奖感言时，我说，以后不会再参加这类教学比赛了，要把锻炼的机会留给青年教师，但我对小学语文教学的探索不会停止。

说这个例子，我没有一点自夸的意思。今天会场里有不少比我年轻的教师，我是想告诉大家，教师是一个特殊的职业，因为教师必须不断学习，干到老学到老，不停地研究学生，不停地研究教材，不停地研究教法，让自己的职业生涯与人生历程融合在一起，这样才能在教学过程中体会到幸福感和成功感。诲人之所以不倦，我想，主要就是感受到教书育人的幸福吧。这是我的职业体验，分享给诸位。

孔子其实离我们很近。孔子说，"君子成人之美，不成人之恶"，"君子不以言举人，不以人而废言"。这话说得多好。他说，如果大家都很喜欢某个东西，都喜欢某个人，那就要去想想原因。如果大家都很讨厌某个人、某个事物，我们也要想一想原因，而不能随便从众。这是孔子告诉我们的认识和判断事物的方法。孔子说，君子总是寻找自身的过错不足，会反思，而小人不会反思，总找别人的原因。这些观点是不是很熟悉？

我觉得孔子的最大价值是，他给后人留下了很多启迪，这些启迪在一代又一代的中国人身上流传，成为民族文化特征。

孔子让我们这些二十一世纪的教师明白，教书要有济世情怀，悲天悯人。在日常教育教学工作中，我们会遇到一些特别的孩子，可能是比较调皮的，可能是学习成绩不佳的，千万不要嫌弃他们，多多发现他们的优点长处，帮助他们健康成长。有的老师会说，我们也懂爱学生的道理，但是你跟这些调皮的孩子相处一天还好，朝夕相处就不行了，一会儿违纪了，一会儿有人来告状了，实在爱不起来，眼睛里看到的全是缺点。这种心情我能理解。不过，之前就说过，教师是一种特殊的职业，面对这样的学生，教师得忍得住、熬得起，耐得住反复，一旦熬过忍过，找到教育的方法，前面就是坦途。

教书要有古道热肠、赤子之心。没有赤子之心，你就走不进学生的心灵世界，你就无法与他们诚挚沟通。面对教育教学问题，你就无法找到最佳的解决方案。

教书要一心向学，勤练技艺。时代走得太快，我们有太多的新知识要学，有太多的新技能要掌握。我们还要勤练教学基本功。每个学期认真阅读领会课程标准，学习同行的好经验。每个月上一两节研究课，每节课后，坚持写教学反思，不断实施教学改进。每天都抽出半个小时读点书，做点笔记。听上去好像很辛苦，但只要将其变成习惯，你就会受益无穷。我就是这样做的。

最后推荐几本与孔子、与《论语》有关的书给大家。杨伯峻先生的《论语译注》是读《论语》的入门书。李泽厚先生写的《论语今读》，李先生是思想家，思想家评点《论语》，视野宽阔见识非凡。李零先生的《丧家狗》中能读到很多文献资料以及考古新发现，读起来很有趣味。钱穆先生的《论语新解》也值得一读，钱先生是国学大家，无限热爱着中国传统文化，他的解释能让人读出温情。傅杰教授的《论语一百句》是一本小册子，书中每篇文章都写得极漂亮，而且信息量非常大，大家读后就会知道傅先生是在用互文的方式解释论语。还有李长之先生的《孔子的故事》，李先生是文学评论家，写过最早的鲁迅评论，他写的孔子故事文辞简洁文雅，几乎每一句都有出处。钱宁先生的《圣人》是以孔子为主人公的小说，也是言必有据，写得很精彩，让人读着读着就有穿越之感。

听我讲了一个多小时，让我们回到这次讲座的题目：孔子是谁？

孔子是一位和善有个性的乡间老人，是一位博学善教的民办教师，也是一位壮志未酬的退休官员。从某个角度看，他是个悲剧人物，一生没有实现自己的理想，最终孤苦死去。从汉朝起，历朝历代好像都是以儒治国，可实际上，皇帝们真正采用的是法家的那套东西。孔子的时代一去不复返，他的政治理想治国理念已被封存在厚重的历史中。我们读《论语》，要学的是将心比心、推己及人，要学的是学而不厌、善待学生，要学的是纵有重重困难却不忘初心，要学的是活出真性情，做一个真实的人。

读孔子，不泥古，做好现代人。

谢谢大家。

写给孔子的一封信

您是后世教师的榜样

孔子前辈：

您好！

恕我冒昧，用这样的一个古怪的说法来称呼您。您会不会说，这是不合礼数的？说实话，在给您写这封信之前，关于称呼的问题，我真是思量好久。春节期间，我带念五年级的儿子去了嘉定孔庙。那天早晨才下了一场小雨，寒风瑟瑟，孔庙里冷冷清清。走进大殿，您的塑像高坐其中。在您的塑像上方悬了一块匾额，如果您泉下有知，您一定会笑着说："不用说了，我知道，匾上写了四个大字——万世师表。"是的，您答对了，正是这四个字。儿子问我："爸爸，什么是'万世师表'啊？"没想到，我竟一时语塞，不知如何回答。想了一会儿，我说："孔子是世世代代的教师的榜样。"听我这样说，您会不会捋一捋长髯，轻轻摇摇头。我知道，您在世时，有人尊称您为圣人，您说："若圣与仁，则吾岂敢？抑为之不厌，诲人不倦，则可谓云尔已矣。"您总是很谦虚、很实在，从不承认自己是圣人。"圣人"的称号，您可以不接受，但"教师的榜样"，您应该接受。别的不说，单是"诲人不倦"，就不是所有老师都能做到的。

您是后世教师的榜样，是我的前辈，因为我是一个小学语文教师。现在的小学、中学里,教师大都只教一门学科。这和您那时不一样。用现在的话说,您是超级厉害的老师,一个人包班,教礼、乐、射、御、书、数六门学科,而且还是复式班。现在的学生学得多、学得难,而且一个班里五六十个学生,甚至更多。如果一个老师教数门学科,时间、精力完全不够用。过去也有一些同行做实验,一个人教两门学科。可现行的课程与教材,并不适合用包班的形式。最近几年,有同行干脆做全课程实验,就是在小学一二年级取消各种学科,抛开了学科教材,将各个学科的知识整合在一起,用学习项目的方式教。比如,春天到了,几周之内,让学生画画春天写写春天,读一点关于春天的诗歌,到郊外去踏青赏春等等。孩子们自然是很愉快的。可是,我觉得这样的课程改革与国家课程系统不吻合,只是一种教育情怀的外显。所以,目前做这种改革的学校还不多。不知道会不会有教师认定这样教到六年级,学生的综合素养会很强,完全可以应对现行的考试方式而坚持改革呢?我现在还没有看到具体的案例与经验。不过,有一点我是知道的,在不少地方,考试成绩是校长、教育局长的政绩之一,是不能有差池的。另外,就目前高等师范教育现状,有多少一线教师有能力开发出科学系统的课程体系呢?有多少教师已经具备了开发课程体系需要的理论素养和实践经验呢?还有一点我是知道的,那就是孩子不是试验品。

孔子前辈,您大概已经听得有点迷糊了吧。您那时没有那么多的大一统。只要有本事,就能开门授徒,传播思想。学生一旦学成,不需要通过统一考试,自己去社会上找机会求发展,在实践中运用验证自己所学的知识。

每个时代的社会、政治、经济状况是不同的,因此不同时代的人的生活方式、受教育方式也不同。

现在,您会不会对我刚才说的话,开始有点明白了。我知道,您首先想确认的应该是:现在没有家臣挟持贵族、贵族赶走国君这样的事了吧?

当然没有了。现在下级都很听上级的话。

孔子前辈，听了我的讲述，我猜想，您第二个想问的问题是：你们现在是怎么教书的？做教师的都会情不自禁这样想，我读《论语》时，就经常想象您的教学场景。

说到教书，我最佩服您的，是根据学生的差异，实施个性化的教学；根据学习规律，启发学生思考，引导学生举一反三。虽然两千多年过去了，但在教书这件事情上，现在很多老师依然在用您的法子教，或者努力向您的教育教学境界前进。前面说到课程改革之难，说实话，在大一统的环境下，我觉得课程改革这样的工作不是一线教师可以做的。一线教师最应该做好的是上好每一节课。如果真的能将每节课上好，即便课程设置不甚佳，学生依然能学好，您说是不是？您当年开设六门课，教了三千个学生，培养出七十二贤人，我想最重要的不是六门课，而是您每一次的教学，对吗？现在有些教师，动辄创造出一个体系、提出一个理论，可就是看不到使用了"体系"、"理论"之后的学生学习情况的大数据分析。实践"体系"、"理论"时，每天的课堂教学情况，每天的作业批改、抓差补缺情况更是鲜见记载、分析。现在，每当读到一些由华丽的新经验、术语堆砌的新论文，我就会去找里面是不是有转变学困生的案例分析。真遗憾，迄今为止，一次也没有找到。可是，帮助学困生不是教师极其重要的工作吗？

孔子前辈，您知道叶圣陶先生吧。我在好多次讲座中都说叶圣陶先生的语文教育思想，一百年内不会有人超得过。现在诸多媒体上刊登的众多所谓的新观点，在叶先生那一代人的著作里早就出现过，而且当年他们做得比现在更扎实。

所以，您如果问我，现在的老师如何教书，我还真有点不知如何作答。虽然时代在前进，可是值得拿出来说的，好像真不多。就小学语文学科而言，上到您，下到叶先生，前辈们留下来的好东西太多，我们在学习继承上做得还很不够，真不好意思说自己有什么创见。

　　与您所处的时代有一处显著的不同倒是可以说一说，就是现在信息技术发达，学生获取信息的能力大大增强，学生学习的方式有了很大变化，这些变化正在倒逼教师改进课堂教学。

　　总的来说，现在教书很难。家长要求高，学情也复杂。教师除了教书外，还承担着诸多杂务。精力不济是教师常态。现在各种教学资源多，各种教学方法教学策略也多，只是大家缺少时间和定力去学习，去细心琢磨课堂。这些问题您一定都没有遇到过。当下的问题还是要用当下的智慧、方法来解决。不过，您的《论语》在精神上依然激励着我们。

　　今天就先写到这里吧。离睡觉还有点时间，我再去找几本书翻翻。多读一点书，可以找到解决问题的方法，还可以静心养神。

　　祝您安好。

朱煜　敬禀
2016 年 4 月 8 日

孔子教育箴言

一 学习之道

子曰："学而时习之，不亦说乎？有朋自远方来，不亦乐乎？人不知而不愠，不亦君子乎？"（《论语·学而》）

子曰："由，诲女知之乎？知之为知之，不知为不知，是知也。"（《论语·为政》）

孔子曰："生而知之者，上也；学而知之者，次也；困而学之，又其次也。困而不学，民斯为下矣！"（《论语·季氏》）

子曰："我非生而知之者，好古，敏以求之者也。"（《论语·述而》）

子曰："吾尝终日不食，终夜不寝，以思，无益，不如学也。"（《论语·卫灵公》）

子曰："温故而知新，可以为师矣。"（《论语·为政》）

子曰:"学而不思则罔,思而不学则殆。"(《论语·为政》)

子曰:"不愤不启,不悱不发;举一隅不以三隅反,则不复也。"(《论语·述而》)

子曰:"盖有不知而作之者,我无是也。多闻,则其善者而从之;多见而识之,知之次也。"(《论语·述而》)

子曰:"吾有知乎哉?无知也。有鄙夫问于我,空空如也;我叩其两端而竭焉。"(《论语·子罕》)

子曰:"学如不及,犹恐失之。"(《论语·泰伯》)

子曰:"古之学者为己,今之学者为人。"(《论语·宪问》)

二 修身做人

子曰:"见贤思齐焉,见不贤而内自省也。"(《论语·里仁》)

子曰:"三人行,必有我师焉!择其善者而从之,其不善者而改之。"(《论语·述而》)

子曰:"过而不改,是谓过矣。"(《论语·卫灵公》)

子曰:"人之过也,各于其党。观过,斯知仁矣。"(《论语·里仁》)

子曰:"德之不修,学之不讲,闻义不能徙,不善不能改,是吾忧也。"(《论语·述而》)

子曰:"以约失之者,鲜矣!"(《论语·里仁》)

子张问崇德、辨惑。子曰:"主忠信,徙义,崇德也。爱之欲其生,恶之欲其死;既欲其生,又欲其死,是惑也。'诚不以富,亦祇以异。'"(《论语·颜渊》)

子曰:"善人,吾不得而见之矣;得见有恒者,斯可矣。亡而为有,虚而为盈,约而为泰,难乎有恒矣。"(《论语·述而》)

子曰:"三军可夺帅也,匹夫不可夺志也。"(《论语·子罕》)

子曰:"饭疏食,饮水,曲肱而枕之,乐亦在其中矣!不义而富且贵,于我如浮云。"(《论语·述而》)

子曰:"不患人之不己知,患不知人也。"(《论语·学而》)

三 仁道亲情

樊迟问仁。子曰:"爱人。"(《论语·颜渊》)

子曰:"爱之,能勿劳乎?忠焉,能勿诲乎?"(《论语·宪问》)

子曰:"参乎!吾道一以贯之。"曾子曰:"唯。"子出,门人问曰:"何

谓也？"曾子曰："夫子之道，忠恕而已矣！"（《论语·里仁》）

子贡问曰："有一言而可以终身行之者乎？"子曰："其'恕'乎！己所不欲，勿施于人。"（《论语·卫灵公》）

子曰："巧言令色，鲜矣仁。"（《论语·阳货》）

"克、伐、怨、欲不行焉，可以为仁矣？"子曰："可以为难矣。仁则吾不知也。"（《论语·宪问》）

子曰："仁远乎哉？我欲仁，斯仁至矣！"（《论语·述而》）

颜渊问仁。子曰："克己复礼为仁。一日克己复礼，天下归仁焉。为仁由己，而由人乎哉？"颜渊曰："请问其目。"子曰："非礼勿视，非礼勿听，非礼勿言，非礼勿动。"颜渊曰："回虽不敏，请事斯语矣。"（《论语·颜渊》）

仲弓问仁。子曰："出门如见大宾，使民如承大祭，己所不欲，勿施于人。在邦无怨，在家无怨。"仲弓曰："雍虽不敏，请事斯语矣。"（《论语·颜渊》）

樊迟问仁。子曰："居处恭，执事敬，与人忠；虽之夷狄，不可弃也。"（《论语·子路》）

子贡问为仁。子曰："工欲善其事，必先利其器。居是邦也，事其大夫之贤者，友其士之仁者。"（《论语·卫灵公》）

子曰:"刚、毅、木、讷,近仁。"(《论语·子路》)

子曰:"唯仁者能好人,能恶人。"(《论语·里仁》)

子曰:"知者不惑,仁者不忧,勇者不惧。"(《论语·子罕》)

子曰:"志士仁人,无求生以害仁,有杀身以成仁。"(《论语·卫灵公》)

子贡曰:"如有博施于民而能济众,何如?可谓仁乎?"子曰:"何事于仁,必也圣乎!尧、舜其犹病诸!夫仁者,已欲立而立人,已欲达而达人。能近取譬,可谓仁之方也已。"(《论语·雍也》)

子曰:"知者乐水,仁者乐山;知者动,仁者静;知者乐,仁者寿。(《论语·雍也》)"

子夏问孝。子曰:"色难。有事,弟子服其劳;有酒食,先生馔,曾是以为孝乎?"(《论语·为政》)

孟武伯问孝。子曰:"父母唯其疾之忧。"(《论语·为政》)

子曰:"父母在,不远游,游必有方。"(《论语·里仁》)

子曰:"三年无改于父之道,可谓孝矣。"(《论语·里仁》)

子曰:"父母之年,不可不知也;一则以喜,一则以惧。"(《论语·里仁》)

子曰:"弟子入则孝,出则悌,谨而信,泛爱众,而亲仁。行有余力,则以学文。"(《论语·学而》)

四 君子小人

子曰:"君子而不仁者有矣夫,未有小人而仁者也。"(《论语·宪问》)

子曰:"君子道者三,我无能焉;仁者不忧,知者不惑,勇者不惧。"子贡曰:"夫子自道也。"(《论语·宪问》)

司马牛问君子。子曰:"君子不忧不惧。"曰:"不忧不惧,斯谓之君子已乎?"子曰:"内省不疚,夫何忧何惧?"(《论语·颜渊》)

孔子曰:"君子有三畏:畏天命,畏大人,畏圣人之言。小人不知天命而不畏也,狎大人,侮圣人之言。"(《论语·季氏》)

孔子曰:"君子有九思:视思明,听思聪,色思温,貌思恭,言思忠,事思敬,疑思问,忿思难,见得思义。"(《论语·季氏》)

子曰:"君子食无求饱,居无求安,敏于事而慎于言,就有道而正焉,可谓好学也已。"(《论语·学而》)

子曰:"质胜文则野,文胜质则史,文质彬彬,然后君子。"(《论语·雍也》)

子路问君子。子曰:"修己以敬。"曰:"如斯而已乎?"曰:"修己以安人。"曰:"如斯而已乎?"曰:"修己以安百姓。修己以安百姓,尧、舜其犹病诸!"(《论语·宪问》)

子曰:"不知命,无以为君子也。不知礼,无以立也。不知言,无以知人也。"(《论语·尧曰》)

子曰:"君子欲讷于言,而敏于行。"(《论语·里仁》)

子曰:"君子耻其言而过其行。"(《论语·宪问》)

子曰:"君子不以言举人,不以人废言。"(《论语·卫灵公》)

子贡问君子。子曰:"先行其言,而后从之。"(《论语·为政》)

子曰:"君子不器"。(《论语·为政》)

子曰:"君子矜而不争,群而不党。"(《论语·卫灵公》)

子曰:"君子不重则不威;学则不固。主忠信,无友不如己者,过则勿惮改。"(《论语·学而》)

子曰:"君子病无能焉,不病人之不己知也。"(《论语·卫灵公》)

子曰:"君子之于天下也,无适也,无莫也,义之与比。"(《论语·里仁》)

子曰:"君子义以为质,礼以行之,孙以出之,信以成之。君子哉!"(《论语·卫灵公》)

子曰:"君子坦荡荡,小人长戚戚。"(《论语·述而》)

子曰:"君子泰而不骄,小人骄而不泰。"(《论语·子路》)

子曰:"君子和而不同,小人同而不和。"(《论语·子路》)

子曰:"君子求诸己,小人求诸人。"(《论语·卫灵公》)

子曰:"君子成人之美,不成人之恶。小人反是。"(《论语·颜渊》)

子曰:"君子周而不比,小人比而不周。"(《论语·为政》)

子曰:"君子喻于义,小人喻于利。"(《论语·里仁》)

子曰:"君子上达,小人下达。"(《论语·宪问》)

子曰:"君子不可小知而可大受也,小人不可大受而可小知也。"(《论语·卫灵公》)

子曰:"君子怀德,小人怀土;君子怀刑,小人怀惠。"(《论语·里仁》)

五　凡人伟者

达巷党人曰:"大哉孔子!博学而无所成名。"子闻之,谓门弟子曰:"吾何执?执御乎?执射乎?吾执御矣。"(《论语·子罕》)

太宰问于子贡曰:"夫子圣者与?何其多能也?"子贡曰:"固天纵之将圣,又多能也。"子闻之,曰:"太宰知我乎!吾少也贱,故多能鄙事。君子多乎哉?不多也。"(《论语·子罕》)

牢曰:"子云:'吾不试,故艺。'"(《论语·子罕》)

子曰:"述而不作,信而好古,窃比我于老彭。"(《论语·述而》)

子曰:"默而识之,学而不厌,诲人不倦,何有于我哉?"(《论语·述而》)

叶公问孔子于子路,子路不对。子曰:"女奚不曰:其为人也,发愤忘食,乐以忘忧,不知老之将至云尔。"(《论语·述而》)

子温而厉,威而不猛,恭而安。(《论语·述而》)

子曰:"当仁,不让于师。"(《论语·卫灵公》)

君子不以绀緅饰。红紫不以为亵服。当暑,袗絺绤,必表而出之。缁衣羔裘,素衣麑裘,黄衣狐裘。亵裘长,短右袂。必有寝衣,长一身有半。狐貉之厚以居。去丧,无所不佩。非帷裳,必杀之。羔裘玄冠不以吊。吉月，必朝服而朝。

齐，必有明衣，布。齐，必变食，居必迁坐。

食不厌精，脍不厌细。食饐而餲，鱼馁而肉败，不食。色恶，不食。臭恶，不食。失饪，不食。不时，不食。割不正，不食。不得其酱，不食。肉虽多，不使胜食气。唯酒无量，不及乱。沽酒市脯，不食。不撤姜食，不多食。

祭于公，不宿肉。祭肉不出三日。出三日，不食之矣。

食不语，寝不言。

虽疏食、菜羹、瓜祭，必齐如也。

席不正，不坐。

乡人饮酒，杖者出，斯出矣。乡人傩，朝服而立于阼阶。（《论语·乡党》）

升车，必正立，执绥。车中不内顾，不疾言，不亲指。（《论语·乡党》）

子曰："加我数年，五十以学《易》，可以无大过矣。"（《论语·述而》）

子所雅言：《诗》、《书》、执礼，皆雅言也。（《论语·述而》）

子绝四：毋意，毋必，毋固，毋我。（《论语·子罕》）

子罕言利，与命，与仁。（《论语·子罕》）

子曰："吾十有五而志于学，三十而立，四十而不惑，五十而知天命，六十而耳顺，七十而从心所欲，不逾矩。"（《论语·为政》）

杨斌对话叶圣陶

叶圣陶教育思想及其当代价值

杨斌，出生于江苏灌南，现任职于江苏省叶圣陶教育思想研究所、苏州市教师发展中心。江苏省语文特级教师、教授级中学高级教师、苏州大学兼职硕士生导师，享受国务院政府特殊津贴。出版作品有《教育美学十讲》《发现语文之美》《教师职业幸福的秘密》《教育照亮未来：民国八大教育家经典文选》《什么是真正的教育：50位大师论教育》《李泽厚论教育·人生·美：献给中小学教师》《李泽厚话语》等。

我的经典阅读

叶圣陶教育思想及其当代价值

各位老师上午好！很高兴有机会来厦门，和大家分享多年来学习、研究叶圣陶教育思想的心得体会。说得不对的地方，欢迎各位同仁批评指正。

叶圣陶是 20 世纪我国伟大的文学家、教育家、社会活动家和编辑出版家，是中国现代文化教育一代宗师。20 世纪中国社会风云激荡、革旧鼎新，叶圣陶积极投身时代激流，以深厚的国学根底、广阔的文化视野和现代教育理念，躬身从事文化教育工作七十余载。他深思慎取，博采众长，总结、提炼和积淀出丰厚珍贵的教育思想。这是一笔宝贵的精神财富！

一 教育家叶圣陶

作为文学家的叶圣陶，几乎家喻户晓，我们在小学、中学语文课本上都曾读过他的许多作品；作为编辑出版家的叶圣陶，也是声名显赫，好多著名作家的处女作都诞生在叶圣陶的手中。但是，作为教育家的叶圣陶，却并不那么著名。人们记得的，往往也就是那几句耳熟能详的教育名言，至于这些名言背后的丰富内涵，却往往并不那么清楚。

因为是我们老校友的缘故，所以我们这些年对叶圣陶的教育思想作了深入的发掘。我们在学校建立了叶圣陶教育思想展馆，还经省教育厅批准成立了江苏省叶圣陶教育思想研究所。几年研究实践的经历，让我们深深感到，叶圣陶不仅属于我们学校，也不仅属于我们苏州乃至江苏。叶圣陶教育思想具有巨大的历史价值和深刻的现实意义。下面我们就先来认识一下教育家叶圣陶的教育旅程。

叶圣陶，名绍钧，字秉臣，入中学后改字圣陶。1894年10月28日（农历9月30日）生于苏州城内悬桥巷一平民家庭。1900～1905年间，叶圣陶在私塾就学，打下了坚实的国学基础。1906年春，叶圣陶进入苏州城内第一所公立小学（长元吴公立高等小学堂）读书。1907年春，他以优异的成绩越级考入苏州公立第一中学堂。中学毕业前夕，叶圣陶在日记里写下了自己的人生志向："此身定当从事于社会教育，以改革我同胞之心，庶不有疚于我心焉。"1912年中学毕业后，叶圣陶到苏州言子庙小学、上海尚公学校任教。

1917年春，叶圣陶应吴县县立第五高等小学校长吴宾若邀请，到甪直五高担任高小一年级级任教员，直至1921年夏。在这期间，杜威于1920年6月来苏州讲学，叶圣陶现场聆听后深受杜威"儿童中心主义"思想影响。在甪直，叶圣陶和朋友们开展了轰轰烈烈的教育改革实验，撰写了《今日中国的小学教育》《小学教育的改造》等重要文章，以及1928年在《教育杂志》连载的长篇小说《倪焕之》。叶圣陶说："我真正的教育生涯是从甪直开始的。"他称甪直为自己的"第二故乡"。

自1923年初至1931年初，叶圣陶在商务印书馆工作，这个阶段他编辑出版了一系列中小学国文课本，执笔撰写了我国第一部初中语文课程标准《初级中学国语课程纲要》。1931年2月，叶圣陶任开明书店编辑、编译所副主任、《中学生》杂志主编，编写国文课本和《中学生》杂志。叶圣陶编写的语文教材，注重系统性和科学性，开辟了教材建设新蹊径，《开明国语课本》《开明国文讲义》《初中国文教本》，尤其是《国文百八课》，至今仍不失为语文教材的范本，为我国现代语文教材建设打下良好基础。《中学生》杂志，目的在于"替中学生诸君补校课的不足；供给多方的趣味与知识；指导前途；解答疑问；且作便利的发表机关"。《中学生》培养了大批读者和作者，在社会上产生了极为广泛的影响。

1949年10月20日，叶圣陶被任命为国家出版总署副署长兼编审局局长，后又任人民教育出版社社长。叶圣陶倾注毕生精力，主持编辑出版了几乎全部中小学语文教科书，为新中国语文教学打下坚实基础。

苏州第一中学的五年求学，用直小学的五年教改实践，是叶圣陶教育思想最重要的两处"温床"；此后七十年漫长的教育旅程，不断丰富充实着叶圣陶的教育思考。

教育家，就是这样在岁月的漫漫积淀中炼成的。

二 叶圣陶教育思想的丰富内涵

叶圣陶教育思想的总纲，我概括为"为人生"的教育本质观。中小学教育要着眼于学生的成长和终身发展，为学生一生发展奠基，这是叶圣陶一以贯之的教育思想。一个世纪前，刚走上教坛不久的叶圣陶就多次著文，大声疾呼："小学教育的价值，就在于打定小学生一辈子有真实明确的人生观的根基。""学校教育的目的就在于使学生养成正确的人生观，因而不能不注意教育与人生的关系。"后来又多次提到教育要培养学生的"公民意识"，要让学生成长为民主社会的自由人，"如果我当中学教师，决不将我的行业叫作'教书'，……却要使学生能做人，能做事，成为合格的公民。"正是这一着眼于人、人生和人的发展思想，使叶圣陶教育思想根本区别于传统教育观念，从而获得了鲜明的现代意义和价值，跃上了20世纪那个时代的思想潮头。从这一总纲出发，叶圣陶在知识与生活、学科教学与教育目标、教学过程与教学方法、教师师表风范、现代语文课程建设等一系列领域，提出了诸多重要的思想观点，其要旨可概括为如下几点：

1. "教育就是要养成良好习惯"的素质教育观

叶圣陶多次反复强调"教育就是要养成良好习惯"。他在写于1919年的《小学教育的改造》中谈及兴趣培养时就说过："今后的教育要着力于扩充儿童兴趣所及的范围，并使他们养成终身的习惯。"在《改善生活方式》一文中，叶圣陶指出："原来'教育'这个词儿，如果解释得繁复，几本书未必说得完；简单的解释，一句话就可以说尽，就是'养成好习惯'。"直到晚年，叶圣陶仍然强调："教育是什么？往简单方面说，只须一句话，就是要养成良好的习惯。德育方面，要养成待人接物和对待工作的良好习惯；智育方面，要养成寻求知识和熟习技能的良好习惯，体育方面，要养成保护健康和促进健康的良好习惯。"受教育的意义和目的是做人，做社会的够格的成员，做国家的够格的公民。实现这一目的，就要养成永久的良好习惯，终身以之，永远实践，这才对于做人真有用处。所谓良好的习惯，是指体现优良传统与时代精神和个体发展需要的相对稳定的行为方式。养成良好习惯，就是要通过引导学生自觉地持之以恒地学习和实践，使学生将这些蕴涵人类文化精华和内在价值的行为方式化为自己的自觉行动，终身以之，永远实践，助益人生。这一育人路径是其"为诚"思想的具体体现，也正是教育之根本宗旨所在。尤其难能可贵的是，叶圣陶是这样说的，也是这样做的。他的日记，从读中学开始，一直写到逝世前几天，坚持一生，从未间断。他的孙子孙女告诉我，小时候，常常因为关门声音大了一点，被爷爷抓回来重新关门，直到关门声小到让他满意为止。

2. "教是为了达到不需要教"的教学哲学观

早年的叶圣陶，受杜威"儿童本位"思想影响，主张在课堂上给学生以充分的自由空间。后来，觉得仅仅这样，在课堂上似乎不很满意。在《文心》一书中，他提出教师要发挥主导作用，要引导学生讨论学习。所以有人说，《文心》一书在叶圣陶教学思想发展过程中有着重要的转折意义。这个观点是很有见地的。

到了1940年代，叶圣陶高度关注学生的主动学习问题。在《改变教育》一文中，叶圣陶指出："受教育的头上戴着这个'受'字，似乎处于被动地位，对于改变教育恐怕做不得主，用不上力吧。"强调"受教育者不是像张开一个空袋子，等人家把东西倒进来，装满它。受教育者含有个重要的意义，就是学习。……改变教育，本来要在受教育的学习方面改变过来之后，才算收效。"1960年代，叶圣陶明确概括出"凡为教，目的在达到不需要教"的著名论点。1977年，叶圣陶在为《中学语文》题辞中又清晰完整地概括说："我想，教任何功课，最终目的都在于达到不需要教。假如学生进入这样一种境界，能够自己去探索，自己去辨析，自己去历练，从而获得正确的知识和熟练的能力，岂不是就不需要教了吗？而学生所以要学要练，就为要进入这样的境界。给指点，给讲说，却随时准备少指点，少讲说，最后做到不指点，不讲说。这好比牵着孩子的手教他学走路，却随时准备放手。我想，在这上头，教者可以下好多功夫。"

叶圣陶"教是为了达到不需要教"的论断，把尊重和激发学生主体自主发展作为教育教学的出发点和立足点，深刻反映了现代社会和人的发展对教育教学的要求，揭示了教师教学与学生自学、知识教学与主体发展、课程教学与课外学习、学校教学与终身学习之间对立统一、相互转化的辩证关系，阐明了现代教学的本质、目的和规律，是对现代教育过程及其本质作出的科学而又通俗的精辟概括。仅凭这一著名论断，叶圣陶就可以毫无愧色地跻身于世界著名教育家之列。

3. "受教育的人的确跟种子一样"的学生主体观

学生是学习主体，这一理念在前些年新课改时十分流行。殊不知，叶圣陶在几十年前就已形成了这样的思想，而且有过十分精彩的论述。在《枯坐听讲》《不应当受这样的教育》等文章中，叶圣陶一针见血地批评过一味教师讲学生听的僵化教学方式："要受用必须自己用心思，自己花力气，不是听老师讲讲就做得到的。书本是经验的宝库，但读熟几本书，也只是记诵之学，要真个消化了才能受用。"1957年，叶圣陶发表《瓶子观点》，批评那种把学生当作"瓶子"、当作"容器"、当作一无所知的"木头"的庸俗教学观，而主张把学生看作"生活体"，是具有生机的"种子"，是一个个有思想能创造的血肉丰满之躯。教育者的工作只是为他们的成长提供适当的条件。1983年叶圣陶在《吕叔湘先生说的比喻》中进一步指出："受教育的人的确跟种子一样，全都是有生命的，能自己发育自己成长的；给他们充分的合适的条件，他们就能成为有用之才。所谓办教育，最主要的就是给受教育者提供充分的合适条件"。

叶圣陶反对教师讲、学生听的"填鸭式"、"满堂灌"等教学方法，也反对那种以教师为中心的"满堂问"教学方法，认为这种方法"像牧人拿着长竿赶羊群似的，务必驱使学生走上老师自己预期的路线，说出老师自己预期的答案来"。他主张教育过程必须由教师本位转变为学生本位，由传授现成知识道理转变为引导学生自己学习，必须"把倚赖性的'受教育'转变为主动性的'自我教育'"。叶圣陶关于学生如同种子的思想，深刻表现出尊重学生主体的现代教育理念。这一思想和传统教育思想有着质的区别，传统和现代在这里泾渭分明。

4."德育总跟智育、体育结合在一起"的全面发展观

请大家把这个标题仔细读几遍。叶圣陶的这一观点并不是我们经常说的德智体全面发展。他的要义在于，受教育的每一个学生都是一个不可分割的生命整体，他们现在和将来做人做事都是综合而不可分的，这就决定了"全面发展的教育的五个组成部分是不可分割的，相辅相成的"，决不能"只顾一两个组成部分忽略其他组成部分"。德育中有美育，智育中有

德育，体育中也有德育美育。这一思想是非常符合教育规律和人的成长规律的。我们能说清楚，我们是吃了什么，才长成了身体的某一块肌肉吗？

早在1944年，叶圣陶就提出："学校里的课程各各分立，这是不得已的办法，不分立就无从指导，无从学习。……教育的最后目标却在种种境界的综合，就是说，使各各分立的课程所发生的影响纠结在一块儿，构成一个有机体似的境界，让学生的身心都沉浸在其中。正是基于这样的认识，叶圣陶对种种片面追求升学率、把德智体美割裂开来的错误做法，总是毫不留情地予以批评。正是基于这一认识，叶圣陶一直坚决反对仅仅重视智育甚至仅仅是重视分数的教育。1980年4月，叶圣陶在《"非重点"》一文中，表达了对重点中学的担忧，其实也是因为重点学校往往仅仅着眼学习成绩；1981年，叶圣陶有感于《中国青年》关于学生负担过重的调查，写下了《我呼吁》一文，疾呼"升学率大小不是教育办得好不好的唯一标准"。这一呼吁在社会上产生了广泛影响，不久，五届全国人大四次会议通过的《政府工作报告》不惜篇幅，对这篇文章作出了高度评价。

叶圣陶"德育总跟智育、体育结合在一起"的全面发展观，和他"教育为人生"思想一脉相承，即以培养现代公民为教育的最终价值和目的，彰显着一个大大的"人"字！

5. "教育工作者的全部工作就是为人师表"的师表风范观

在中外教育史上，像叶圣陶这样如此关注教师师表风范的教育家并不多见。这可能既和中国传统教育思想重视"人师"有关，中国古代就有"经师易得，人师难求"之说；同时也和叶圣陶长期从事中小学教育实践有关，换言之，这也是他对自身教育经验的经典提炼。早在1920年代，他即发表《教师问题》《教师的修养》等文章，1940年代又发表《如果我当教师》《如果教育工作者发表〈精神独立宣言〉》等重要文章，认为不管是当小学、中学还是大学教师，都绝不将我的行业叫作"教书"，而是"帮助学生得到做人做事的经验"。1984年，他明确提出："教育工作者的全部工作就是为人师表"。他认为：第一，中小学教师"言传"和"身教"是统一的、密不可分的，也就是说教育者的一言一行都要足以为受教育者的楷模，必须"以身作则"。第二，教育工作者要适应时代发展要求，不断学习新知识，加强品德修养，以身作则，用自己的好榜样去训练、熏陶受教育者，真正做到"为人师表"。第三，从人类文明进步的角度来看，"生有涯，而知无涯"，世界上没有全知全能的人，因此教育工作者要坚守"知之为知之，不知为不知"的道德准则，不断探索新知，努力使自己成为终身学习的楷模，这也是教育工作者为人师表极其重要的一项内容。

叶圣陶的师表风范思想，既继承了中国传统文化中师德规范的精华，同时，又把现代教育语境中教师的师表风范作用提到了崭新高度。

上面我们从五个方面对叶圣陶教育思想进行了概括。还有一条语文观，下面会专门讲。应该强调指出的是，以上诸观点绝不是支离破碎寻章摘句的只言片语，它是叶圣陶在实践基础上长期思考、孕育和积淀的结晶，也如珍珠般反复不断地闪烁于叶圣陶浩瀚的教育文字之中，而且始终贯穿着"教育为人生"这一条思想红线。诚然，叶圣陶无意构建自己的理论体系，但是，他丰富、广阔和深刻的教育智慧，事实上支撑起一座素朴谨严而不失恢宏气度的教育思想大厦。叶圣陶的名字，因此而毫无愧色地跻身于中外著名教育家的行列。

三　叶圣陶语文教育观辨析

下面我们来说说叶圣陶的语文教育观。这也是一个敏感而复杂的问题。

以1980年《叶圣陶语文教育论集》出版为主要标志，我国语文教育界曾出现过一轮学习实践叶圣陶语文教育思想的热潮。这对于叶圣陶语文教育思想的普及，是有重要推动作用的。但是，由于当时历史条件的局限，人们还没有从更高的层面去认识叶圣陶语文教育观，缺少从其教育思想、教育哲学的高度进行"透视"，从而出现了某些未必完全适当的提炼和概括（譬如"工具观"，下面还要详说）。

这种局限很快就暴露出来。其一，由于仅仅停留在如何提高语文学习效率层面（这在当时历史条件下是需要的），对"技"的关注远甚于对"道"的探究，不免失之于片面，因此缺乏持续行走的后劲和动力，一阵风之后便偃旗息鼓。其二，由于学习研究不够深入，也由于语文教育的内外部环境产生了深刻变化，语文教育出现了诸多问题和弊端，以致引来一些对叶圣陶语文教育观的非议和责难。前几年，新课改刚开始时，曾有一些人对叶圣陶语文教育思想提出过这样那样的责难和批评。当然，学术批评是好事，是学术健康发展的必要保证。有鉴于此，我们在讨论叶圣陶语文教育思想时，试图努力将其纳入教育思想视域之下，从叶圣陶"为人生"教育思想的高度，尽可能全面准确地还原叶氏语文教育观之本来面貌和历史价值。

1. "语文"一词的创造者

1905年，清政府废除科举制度，全国开始开办新学堂。当时的课程乃至教材，都从西方引进，只有语文一科，教授内容仍是文言文，称为"国文"。五四运动后，提倡白话文，反对文言文，国文课受到冲击，小学将国文改称为国语，侧重学习白话文；中学仍称国文，以学习文言文为重点。1930年代后期，叶圣陶、夏丏尊二人提出"语文"概念，并尝试编写新的语文教材，但因日本侵略中国而被迫中止。

1949年6月，当时华北人民政府教育部教科书编审委员会着手研究通用教材，叶圣陶再次提出将"国语"和"国文"合二为一，改称"语文"。这一建议被华北政府教育机关采纳，随后推向全国，从此，"语文"成为中小学母语课程通用名称。1949年8月，叶圣陶主持中小学语文科课程标准起草工作，并编撰《中学语文科课程标准》（后改称《教学大纲》）。

《中学语文科课程标准》始用"语文"一名。叶圣陶曾解释说:"前此中学称'国文',小学称'国语',至是乃统而一之。彼时同人之意,以为口头为'语',书面为'文',文本于语,不可偏指,故合言之。亦见此学科'听'、'说'、'读'、'写'宜并重。"关于"国语"、"国文"和"语文"内在规定性的差异,以及对语文教育之质的潜在影响,功过是非,尚是一个有待进一步探讨的重大问题。但有一点是明确的,即"语文"一词之首创,源自叶圣陶、夏丏尊。

2. 国文是发展儿童心灵的学科

1922年1月,叶圣陶发表《小学国文教授的诸问题》,深刻分析当时小学国文教学"不以儿童本位为出发点"、"不明白国文教授之真作用"的两大病根,明确指出:"第一须认定国文是儿童所需要的学科。……第二须认定国文是发展儿童的心灵的学科。……学童所以需要国文,和我们所以教学童以国文,一方面在磨炼情思,进于丰妙;他方面又在练习表出情思的方法,不至有把握不住之苦。"1923年,叶圣陶在他撰写的新学制《初级中学国语课程纲要》中,把"使学生有自由发展思想的能力"、"有研究中国文学的兴趣"列为四项目标中的两项。

叶圣陶对语文教学的这一深刻认识,同他对教育的本质认识完全一致,即"各种功课有个总目标,那就是'教育'——造成健全的公民"。国文教学关注学生的心灵发展,即关注人的精神和思想发育,关注人的自身发展。明白这一点,就会知道,那种责难叶圣陶语文教育思想只重视工具性、忽视人文性的观点,是多么片面了。

3. 国文是语文学科,有其独立之任务

1940年8月,叶圣陶在《国文教育的两个基本观念》一文中,阐述了对于国文教学的两个基本观念。"第一,国文是语文学科,在教学的时候,内容方面固然不容忽视,而方法方面尤其应当注重。第二,国文的涵义与文学不同,它比文学宽广得多,所以教学国文并不等于教学文学。"叶圣陶认为，"国文教学自有它独当其任的任，那就是阅读和写作的训练。学生眼前要阅读，要写作，至于将来，一辈子要阅读，要写作。这种技术的训练，他学科是不负责任的，全在国文教学的肩膀上。"

在此，叶圣陶指出了国文教学作为一门学科的独立价值，即要为一辈子的阅读写作打好基础。基于这一认识，叶圣陶不赞成中小学国文教学专讲文学，他认为，"文学只是其中一个较小的范围，文学之外，同样包在国文的大范围里的还有非文学的文章，就是普通文。这包括书信、宣言、报告书、说明书等等应用文，以及平正地写状一件东西载录一件事情的记叙文，条畅地阐明一个原理发挥一个意见的论说文。"即，国文既是发展儿童心灵的重要学科，也是人生应付生活的必需工具，这表现出叶圣陶对语文学科性质的辩证认识。

4. 国文教学必须抛弃旧式教育的古典主义和利禄主义

叶圣陶语文教育思想具有鲜明的现代性。1942年8月，叶圣陶在《国文杂志》发刊词中，对国文教学承袭旧式教育传统提出激烈批判："旧式教育是守着古典主义的：读古人的书籍，意在把书中内容装进头脑里去，不问它对于现实生活适合不适合，有用处没有用处；学古人的文章，意在把那一套程式和腔调模仿到家，不问它对于抒发心情相配不相配，有效果没有效果。旧式教育又是守着利禄主义的：读书作文的目标在取得功名，起码要能'食廪'，飞黄腾达起来做官做府，当然更好；至于发展个人生活上必要的知能，使个人终身受用不尽，同时使社会间接蒙受有利的影响，这一套，旧式教育根本就不管。因此，旧式教育可以养成记诵很广博的'活书橱'，可以养成学舌很巧妙的'人形鹦鹉'，可以养成或大或小的官吏以及靠教读为生的'儒学生员'；可是不能养成善于运用国文这一种工具来应付生活的普通公民。"他认为，必须有正确的认识，国文教学才有成绩。而达到正确认识的先决条件，就是抛弃旧式教育的古典主义和利禄主义。

传统语文教育有精华，也有糟粕。叶圣陶针对旧式语文教育脱离现实生活、把语文异化为博取功名利禄的弊端，鲜明提出语文教育的根本目的和价值是"养成善于运用国文这一种工具来应付生活的普通公民"。这一观点，既反映出其对语文学科本质的独到认识，又体现了其对现代教育目的和价值的深切把握。

5. 固本培根、科学有效的阅读和写作教学观

阅读观：通过文字桥梁，把握意义情味。叶圣陶认为，阅读是读者和作者双向交流的过程，也是读者通过文字走近作者心灵的复杂心理过程。叶圣陶主张的阅读教学方法主要是鉴赏、想象、涵咏、揣摩、讨论、吟诵，认为要在亲近文字的阅读过程中，不断培养和训练语感。应该说，这些方法承继了传统语文教育的优良传统，是符合汉民族语文学习规律的经验之谈。

作文观：修辞立其诚。"诚"是叶圣陶一以贯之的做人准则。作文贵在"立诚"也是叶圣陶重要的作文教学思想。1924年，叶圣陶在《作文论》中指出："既然要写出自己的东西，就会连带地要求所写的东西必须是美好的；假若有所表白，这当是有关于人间事情的，则必须合于事理的真际，切乎生活的实况；假若有所感兴，这当是不倾吐不舒快的，则必须本于内心的郁积，发乎情性的自然。这种要求可以称为'求诚'。""要写出诚实的、自己的话，空口念着是没用的，应该去寻到它的源头，有了源头才会不息地倾注出真实的水来。""这源头，……就是我们的充实的生活。生活充实，才会表白出、发抒出真实的深厚的情思来。"1940年12月，叶圣陶在《论写作教学》一文中再次指出："训练学生写作，必须注重于倾吐他们的积蓄，无非要我们生活上终身受用的意思。这便是'修辞立诚'的基础。……日常应用与立言大业都站在这个基础上，又怎能不在教学写作的时候着意训练呢？"

叶圣陶的作文"立诚论"，继承了中国传统文化"忠恕"、"诚敬"的

思想精华，更为注重从生活这一本原去汲取营养，增加阅历，磨炼情思，去培植求真、立诚的根本，把写作和做人完美地统一了起来。

作为语文教育家的叶圣陶，事实上可能具有其他许多人都无法相比的独特优势。幼时五年苦读经典，为叶圣陶打下了坚实的国学基础；几十年躬身从事大中小学语文教育的实践，使他对语文教育积累了许多切身经验；长期编辑中小学语文教材，多了一份别人所没有的透视语文的"视角"，尤其是，叶圣陶具有丰富的文学创作成功体验，这无疑使他对汉语文特点和规律有着独到而深刻的把握和领悟。我们无法说清楚，作为优秀作家对母语的这种把握和体悟，在多大程度上影响和成就了作为语文教育家的叶圣陶，但无可置辩的是，叶圣陶对语文乃至教育的许多关键问题的认识，与他汉语创作的成功体验是密不可分的。比诸那些从书本到书本、概念到概念，甚至把完全不同于汉文字的其他语言教学体系生搬硬套地移植到母语教学的做法，叶圣陶语文教学思想的巨大价值和独特优势是显而易见的。

长期以来，提起叶圣陶的语文教育思想，人们总是习惯于归纳为"工具论"。的确，叶圣陶在不同时期不同背景之下，曾多次说过"语文是工具"之类意思的话，但叶圣陶从来没有把语文教育本质归结为"工具"。最早作出这样归纳的，大概源自吕叔湘为《叶圣陶语文教育论集》所作的序。吕叔湘在"序"中这样概括叶圣陶语文教育思想：

> 通观叶圣陶先生的语文教育思想，最重要的有两点。其一是关于语文学科的性质：语文是工具，是人生日用不可缺少的工具。其二是关于语文教学的任务：教语文是帮助学生养成使用语文的良好习惯。过去语文教学的成绩不好，主要是由于对这两点认识不清。

对此，学者张哲英在《清末民国时期语文教育观念考察——以黎锦熙、胡适、叶圣陶为例》一书中指出："对于第一点，吕先生的概括似有简单、宽泛之嫌；对于第二点，吕先生的概括却是实实在在地抓住了叶圣陶教育思想的重要内容。"张哲英认为，吕叔湘的序对于学习叶圣陶语文教育思想起到了一定的推动作用，但同时，因为这观点源自于"集子"里的文章，难免限制了他的观点；并且，由于《论集》的编选极大地受到当时时代的影响，因而要纠正"文革"期间"左"的流毒，恢复语文教育到1963年的"工具论"。应该说，这一评价还是中肯的。

新课改开始后，有人列举出语文"工具论"的种种负面影响：语法教学盛行，淡化"丰富的精神和文化内涵"，"不引导学生与文本的内容亲密接触，与作者进行心灵的对话和情感的交流"等等。他们认为只有走出"工具论"的窠臼，才能使语文教育走出困境，并认为叶圣陶的"工具论"思想是导致语文教育陷入困境的根源。同时，也有人认为，"语文教学长期以来不能走出少、慢、差、费的低谷，原因是复杂的，但关键之一还在于没有认真践行叶圣陶的语文工具观。语文教学的最基本任务应该是帮助学生掌握和运用好祖国的语言文字，只有在这个基础上，才有可能去实现其他的教学功能。"认为现在的语文教学之所以问题重重，就是因为没有全面坚持叶圣陶的语文"工具论"思想。

为什么会对叶圣陶语文教育思想得出如此大相径庭的结论？我认为，其根本原因在于对叶圣陶语文教育思想，尤其是所谓"工具论"思想认识偏颇。

其一，叶圣陶语文教育思想是一个思想体系，不应脱离特定的历史条件机械理解"工具论"。应该说，"语文是工具"的确是贯穿叶圣陶一生的基本语文教育观点。但实际上，不同时期的言论都有其不同的现实针对性，而且随着自己的体验与认识的深入，其内涵也不断丰富和深入。学术界研究成果显示，1940年代叶圣陶提出"语文是应付生活的工具"，针对的是旧式教育古典教育、利禄教育的陈腐教育观，因而提出："国文，在学校里是基本科目中的一种，在生活上是必要工具的一种。"这里，显然是在强调语文在教育科目和学生人生中的重要性，是在为语文争独立地位。1950~1960年代，语文教育受"极左"思潮影响，片面强调政治思想，语文教学质量下降，叶圣陶提出"语言是思维工具"，又是"表达、交际和交流思想的工具"。这在当时无疑具有重要的纠偏作用。"文革"结束时，针对语文教学园地的荒芜现象，叶圣陶再次提出"语文是工具"，并且阐述了语文也是学习其他学科的工具、做人的工具。由此可见，叶圣陶有关语文工具论的提出，每次都有其特定内涵，有着强烈的现实针对性，而且是顺应时代要求和历史潮流的。

其二，叶圣陶的"工具本质论"语文教育思想并非不讲人文精神教育。有人诟病"工具论"的重要理由是淡化"丰富的精神和文化内涵"。那么，叶圣陶语文教育思想果真只讲"工具性"而不讲人文精神吗？非也。从1920年代到1949年，叶圣陶曾制定过三个国文科课程标准，没有一个不是非常强调人文精神教育的。在后来的论述中，叶圣陶也多次指出："工具"仅是比喻而已，思想文字语言三者是一贯的，不可分割的，"语言是思想的定型"。这怎么能说是不讲人文精神呢？叶圣陶所说的语言学习、训练是始终和对作品情感内涵的把握联系在一起的。他主张语言学习要注重"涵泳"、"体味"，"要理解得透，必须多揣摩"，欣赏文学作品"要善于驱遣想象"。如果认为叶圣陶语文观排斥人文教育，那显然是对叶圣陶语文教育思想的误解或者曲解。叶圣陶所反对的是把语言和情感、工具和人文割裂开来，他说："咱们决不能作二元论的想法，一方面内容，一方面形式，咱们只能够作一元论的想法，内容寄托在形式里头，形式怎么样，也就是内容怎么样。"叶圣陶为自己的语文教育思想做了一个清楚的注脚。事实上，在叶圣陶的语文教育论著中，具有大量语言学习和精神体味融为一体的成功例证。

四 叶圣陶教育思想的历史地位与当代价值

我曾写过一篇《重新"发现"叶圣陶》的文章,在文中发出过这样的慨叹:对叶圣陶教育思想存在着严重的"遮蔽",这种"遮蔽"至少有三重。其一,是来自叶圣陶自身多方面成就的"遮蔽",著名文学家、编辑、出版家的多重身份,遮蔽了作为教育家叶圣陶的光芒;其二,是源于叶圣陶教育著作风格和体式的"遮蔽",不追求体系构建,不拘一格的自由文体,简单明了的语言风格,丝毫也不影响其教育思想的深邃和教育智慧的圆融,但却常常会招致"以衣帽取人"之辈的轻薄;其三,也是最为重要和根本的一点,是囿于历史条件的时代的"遮蔽",时代还没有顾得上把焦距对准教育家,被"遮蔽"的不止是叶圣陶,而是一个灿若群星的教育家群体。因此,要对叶圣陶教育思想的时代意义和理论价值作出恰如其分的评价,恐非本人所能胜任。但我愿做一点努力和尝试,和大家一道思考这个严肃而重大的课题。

1. 关于叶圣陶教育思想渊源及与语文观之关系

追溯任何一位教育家的思想渊源,总有一方赖以孕育、发生、成长的深厚土壤。那么,叶圣陶呢?不同于那个时代大都有留学经历的教育家,因为家境贫寒,叶圣陶只是读完了五年中学就走上教坛。然而,叶圣陶就读的公立苏州第一中学堂(史称草桥中学),乃苏州第一所实施西方现代教育体制的新式学校,是清末颁"新政"、兴新学的产物。其创办于1907年,校长、教员大多从国外(主要是日本)留学归来。开设的课程中,正课有国文、英文、算学(数学)、博物、经学、修身、历史、地理、化学、体操、唱歌、图画等。除必修的正课外,还开设了球类、国术、军乐、金石、丝竹、音韵学、度曲、尺牍、剥制(制作标本)、照相、日语、法语等供选修的"附课"。实为得时代风气之先。叶圣陶是首届学生,五年新式教育的濡染熏陶，不仅使叶圣陶在毕业前夕萌生了以教育改造社会的职业理想，而且也充分接受了西方教育的深刻影响。叶圣陶走上教学岗位之初，在言子庙小学仅两年半即被借故解聘，似可解读为新旧教育文化冲突所致。

位于甪直的吴县县立第五高等小学是叶圣陶教育思想萌生的丰厚土壤。譬如晓庄师范之于陶行知，巴甫雷什中学之于苏霍姆林斯基，甪直小学可以说是叶圣陶的"晓庄"和"巴甫雷什"，虽然，叶圣陶在此只有五年。叶圣陶与吴宾若、王伯祥等意气相投的同事一起，意气风发地开始了轰轰烈烈的教育改革运动，"做了中国教育史上从没有过的事"。他们反对强行灌输的封建教育，主张学校提供条件，让学生自由发展，寓教于乐，培养学生多种兴趣。他们自编教科书，在国文教材中将白话文、新文学作品和乡土教材引入课堂，开语文教育的一代新风。他们创办实验室，开辟"生生农场"，主张教育要与实践相结合。他们还开设诗文书画专栏，建立音乐室和篆刻室，自编剧本，自导自演。在江南水乡甪直古镇，一群年轻人，上演了一出有声有色的"为人生而教育"的教育改革活剧。虽然教育实验算不上成功，但叶圣陶由此真正开启了教育实践和思考的漫长征程。

梳理叶圣陶教育思想的渊源流变，还有一个不能不论及但却又没有把握说清楚的问题，那就是叶圣陶教育思想和他的语文教育观之间的关系。在很多人的印象中，叶圣陶教育思想不过是其语文教育观的凝练和提升，人们更愿意津津乐道的就是叶圣陶语文教育思想；或者毋宁说，人们更愿意承认叶圣陶是一位杰出的语文教育家，而对其能否尊享教育家的桂冠，则是颇为悭吝。这固然与一直以来人们对教育家称号比较苛求有关，也与叶圣陶在语文教育包括教材编辑方面成就巨大有关，但从根本上说，还是源自对叶圣陶教育思想形成背景、来源和过程了解不够有关。我认为，丰富的语文教育实践（包括编写教材），无疑为叶圣陶教育思想形成提供了坚实的学科基础，相比那些缺少教学深刻体验的教育家，叶圣陶由学科教学走向教育思考，是一种莫大的优势。譬如，"教是为了达到不需要教"的著名思想，如果没有切实的学科教学体验为基础，确实很难提炼出如此精辟通透的教育智慧。

但是，必须强调指出，和人们一般印象不同，语文教育并非叶圣陶教育思想的直接基地，换言之，叶圣陶教育思想并非仅仅来自于对其语文学科经验的提炼，时代的烙印深刻而鲜明。叶圣陶就读中学期间，正值辛亥前后，西学东渐，蔚然成风；在甪直任教期间，又恰逢五四运动，虽处僻壤，但通过在北大就读的好友，他贪婪吮吸新文化浪潮，其间还直接聆听了杜威在苏州的演讲。叶圣陶积极投身时代激流，高举教育救国旗帜，抱持以改造社会之宏大理想投入教育改革，锋芒直指旧式教育。许多教育理念形成于先，也必然辐射到语文教育观念之中，譬如倡导白话文教学、反对"瓶子观点"（灌输）、关注儿童心灵发展等等。所以，叶圣陶语文教育观和教育思想之间，存有一种紧密而深刻的相互影响、相互激荡、彼此生发、彼此成就的互动关系。而这种源自某一具体学科的深刻体验和整体教育哲学之间的良性互动，对于保证其教育思想的务实、理性和深刻，作用是显而易见的；同时，也不是每一位教育家都具备的。明乎此，似可推出下述结论：因为有了母语教育体验的坚实支撑，叶圣陶教育思想的实践性、民族性底色显得格外浓重；因为有了现代教育理念的统摄引领，叶圣陶语文教育思想也始终走在了时代的前列。故而，实践性、民族性、现代性成为叶圣陶教育思想包括语文教育思想的共同特色和气质。

2. 关于叶圣陶教育思想的演变及历史方位

叶圣陶教育生涯发轫于民国肇造；其教育思想萌生于五四新文化浪潮，形成于1930～1940年代。1949年以后的演变情况比较复杂。一方面，部分思想在1950～1960年代发展深化，在思想解放的1980年代臻于成熟，譬如为人们所熟知的"教育就是要养成良好习惯"、"教是为了达到不需要教"等重要思想。另一方面，也有部分思想因时代和政治的制约，黯然销声，隐而不彰，譬如其早年曾反复申述的"教育要为社会培养合格公民"、"教育要为人生奠基"等更为重要的思想。前者侧重揭示教育内部发展规律，在教育思想史上写下重要一页；后者则涉及教育本质和方向，其早期萌生的宝贵思想尚缺少更为系统的凝练和升华，这不能不说是一个遗憾，尽管这个遗憾不属于个人。在20世纪的前半个世纪，叶圣陶可谓始终走在时代前列，不懈地对中国传统教育思想和外国教育思潮进行借鉴反思和继承革新，体现出锐意进取的时代精神和创造活力；后半个世纪，叶圣陶政治上积极投身社会活动，学术上则谨言慎行，有选择，讲策略，自觉不自觉地受到大环境影响（此种影响绝非叶圣陶仅有，剖析其影响的复杂性亦非本讲座之任务），在时代允许的空间内力所能及地发展了一以贯之的教育思考。叶圣陶教育思想，是在20世纪我国社会变迁和教育发展历程中形成的具有中国特色的现代教育思想，时代的印记鲜明而深刻。

近年来，对叶圣陶教育思想出现两种截然相反的观点。一方面，叶圣陶教育思想因其深刻的现代性被有些人认为是超越现实，是难以企及的理想和浪漫；另一方面，随着近年大量西方教育思潮和教育理念接踵涌入，叶圣陶教育思想却又因其深厚的传统色调和鲜明的民族特质，被有些人认为是明日黄花，似乎成为陈旧、保守的代名词。不仅是叶圣陶，对于传统教育思想，人们在教育改革进程中都会有意无意地轻慢、淡忘甚或遗弃。

如前所论，叶圣陶教育思想是在中国社会由传统向现代急剧转型时期教育变革的产物。自1840年锁闭的国门被西方列强用坚船利炮打开之后，中国就进入了如史学家唐德刚所说的"惊涛骇浪的历史三峡"。亡国灭种的危机，使得那一代教育家的思考和实践，无不和救亡图存的社会改革理想联系在一起。叶圣陶也是这样。从踏上教育舞台之初，叶圣陶就主动自觉地应和着现代文化运动、社会改革思潮的节拍和旋律。正是这种强烈的社会责任，使叶圣陶在长期的教育思考和实践中，不断冲破封建教育的思想罗网，积极汲取西方先进教育思想精华，艰辛探索一条适应社会需要的现代公民培养之路。叶圣陶教育思想是对封建传统教育思想的叛逆，划清了封建传统教育和现代公民教育的界限，具有鲜明的科学民主意识，也因此获得鲜明的时代特征和现代品质。

叶圣陶教育思想的这种现代属性，是我们理解叶圣陶以及那一辈教育家教育思想的钥匙。叶圣陶关于教育的种种思考，都可以通过这把钥匙得以入其堂奥。中国社会现代化转型是一个漫长的历史过程。在这艰难曲折的转型过程中，我们已经并且还会继续遇到叶圣陶当年奋力抵抗的种种问题，如陈腐落后的"臣民意识"、"利禄主义"、"知识本位"、"瓶子观点"等等。正因为此，叶圣陶及叶圣陶们的教育思想价值非但不会过时，他们思想的高贵雍容常常还会和教育现实的寒伧鄙陋构成一种紧张，一种对峙，以至有时候我们不清楚到底是先贤们走得太远、太过浪漫，还是我们的教育太过现实、太过功利或者干脆就是在原地踏步甚或退步？

事实上，这种现象并非教育所独有，几乎是社会转型期的一种文化通病。因为一方面，传统文化中确有沉重的历史糟粕需要清理和剔除，不打破传统，就无法迈出走向现代化的步伐；而另一方面，文化传统中又积淀着民族文化的精华，保留着民族的文化胎记，现代化必须从这片丰饶土地上出发，而不可能在一片废墟上起步。这也正是社会转型的艰难和复杂之处，是现代化历史进程中需要高度警惕和回避的"陷阱"。我们能够彻底摈弃文化传统，丢失民族精神胎记而来一个"华丽转身"吗？显然不需要，也不可能。如同社会转型离不开对传统文化的继承创新一样，在教育现代化进程中，我们在大力学习借鉴国外先进教育理念的同时，也必须认真学习和借鉴我们丰富而优秀的民族教育传统。我们应该具有高度的文化自信和文化自觉，既敞开我们的胸怀，学习国外一切先进的教育思想和理念，也牢牢守住我们民族教育之根，汲取传统教育思想精华，成功实现传统教育的现代转型。叶圣陶和20世纪中国社会现代化转型过程中出现的那一代教育名家，如蔡元培、黄炎培、晏阳初、陈鹤琴、陶行知等人一样，在他们身上既集中体现了中国传统教育思想精粹，同时又具有鲜明的现代意识和现代精神，或者毋宁说，他们教育思想的形成过程，就是中国社会转型和教育现代化历史进程的个性化缩影，他们无一不是西方现代教育思想和中国传统教育智慧相结合植根于中国教育土壤中的产物，相互映衬，相映生辉，共同谱写出现代化交响曲中属于教育的辉煌乐章。这是一笔丰厚的思想遗产和理论财富。

当代中国仍处于从传统向现代的深刻转型之中。社会转型必然呼唤教育转型，教育转型必然面临种种挑战。我们是谁？我们从哪里来？要到哪儿去？教育现代化应该在怎样的历史方位上起航，又驶向怎样的彼岸？都是十分敏感而且不容回避、迫切需要回答的问题。在这艰难痛苦而又执著前行的伟大历史进程中，叶圣陶等那一代教育家的巨大价值和重大意义，已经并且必将越来越清晰地为人们所认识和理解。

谢谢大家！

给叶圣陶的一封信
智者的灵光

尊敬的叶圣陶先生：

您好！

首先向您报告：我是来自您的母校——江苏省苏州第一中学的一名语文教员，您是我们的前辈校友。今天的苏州一中，也就是您当年读书的草桥，元和旧址仍在，千年紫藤依然；校舍对面的大公园，您当年经常举行文学、演讲等社团活动的地方，依旧绿树婆娑，草木葱茏，风景宛然，只是人多了许多。

说起来，我之所以来到这所校园，和您还是有一定关系的。也许，一场美丽的相遇，本就需要一个特别的日子！

2001年，进入新世纪的第一个春天，正是莺飞草长时节。在江苏省苏州一中有一个关于十五课题申报的会议，我第一次见到了矗立在校园门口的您的汉白玉雕像，在阅览室又看到了众多校友的业绩介绍，那可都是中国文化史上一个个如雷贯耳的名字哦。命运就这样被决定了。那一年夏天，我义无反顾地听从心灵的召唤，选择了这所驰誉江南的百年名校。从此，我开始一步步走近了您这位著名的前辈校友。后来才知道，在紫藤下和您相遇，是命运对我的眷顾。

学习、研究您的道路并不顺畅。检索有关"教育家叶圣陶"的研究文献，有一个耐人寻味的现象：那就是对您文学作品以及出版成就的评论，从1920年代起即已见于报端，不绝如缕，汗牛充栋；而对您教育思想的研究却寥若晨星。1974年，香港《良友之声》发表《教育家叶圣陶》的文章，这是把您作为教育家来研究并见诸史料的最早文字，此后便寂然无声。一直到1990年代，国内学术界才有一些零星的关于您教育思想的研究成果问世。我知道，对于这些，您其实并不在意。但是，这非关您的个人得失；其实，被人们忘却的不止是一个叶圣陶，寂寞的是一个教育家群体。而一个没有教育家的国度，还能指望教育有什么新的气象？

非但如此。教育界对您的语文教育思想还存在着种种误读。您是伟大的语文教育家，这一点毋庸置疑；但是如何评价您的语文观，却是一个颇有分歧而又无法回避的敏感问题。新世纪之初，课改风起，您的语文观一度成为争议对象。面对如此纷纭复杂的局面，我和我的教育同仁们陷入了深思。我们觉得，喧嚣的现象背后，表现出一种思想方法的严重片面。从小的方面说，是对您语文教育的理解不够全面完整，没有放在特定的时代背景下深刻解读，往往是片面肢解、各取所需；而从大的方面说，则是对教育改革价值取向的认识模糊，以为西方的理论可以照搬，一切都是外来的好，忽视了教育改革尤其是母语教育改革必须立足于传统语文教育经验，必须从本土教育资源中寻找理论支撑。于是，就在一片争论声中，我们学校却在大张旗鼓地宣传、学习和实践您的教育思想，用您的教育思想引领学校的各项教育教学工作。我们学校领导响亮地提出，要自觉地把学校建设成为叶圣陶教育思想的宣传阵地、实践园地和研究基地。在有关部门的支持下，学校决定建立"叶圣陶教育思想展馆"，而这个展馆的研究任务，便责无旁贷地落在我的身上。现在，这个"叶圣陶教育思想展馆"已经揭幕，我们对您教育思想的崭新诠释也得到了社会各界的认可。以此为基础，我选编的叶圣陶教育思想经典读本《如果我当教师》同时发行，并迅即成为阅读热点，被多家教育媒体评为年度排行读物。继"叶圣陶教育思想展馆"之后，江苏省叶圣陶教育思想研究所也获得批准，并在苏州一中挂牌运行。苏州一中作为叶圣陶教育思想实践和研究基地的地位进一步凸显，"叶馆"和"叶所"的辐射效应和社会影响正与日俱增。

近几年，深度走进您的教育思想之后，我也常常有一串困惑和问题时时萦绕于心：用您的教育思想观照当下现实，我们的教育问题症结在哪？假如您活在当下，他会作何感想？会不会发出比当年更加激烈十倍百倍的"我呼吁"？强烈的问题意识推着我不由自主地朝前走，对这些问题的探究已然成为我的一种浓郁的情结。在思考这些问题的过程中，李泽厚关于社会转型期文化的"转化性创造"思想给了我莫大的启迪，让我对您及与您同时代教育家群体的历史方位和当下价值，有了一种较为清晰的认识。我以为，您那一代人的教育思想的形成过程，就是中国社会转型和教育现代化历史进程的个性化缩影，无一不是西方现代教育思想和中国传统教育智慧相结合植根于中国教育土壤中的产物，二者相互映衬，相映生辉，共同谱写出现代化交响曲中属于教育的辉煌乐章。

在经历了"独上高楼，望尽天涯路"，"为伊消得人憔悴"之后，我也似乎获得了"蓦然回首，那人却在灯火阑珊处"的喜悦。于是，近三年来，我几乎马不停蹄地完成了"民国三书"的编选工作：《教育照亮未来——民国八大教育家经典文选》《什么是我们的母语——民国三大家论语文教育》《教出活泼泼的人——民国名家教育演讲录》。一卷编罢头飞雪！然而，无怨无悔，无愧我心，我用"民国三书"作为对您教育思想研究的深化与拓展，也以此对研究过程中产生的种种困惑尝试作答。对此，不知您是否认可？

当年，举家南下江南，我知道我是在做一次战略上的精神突围。然而，我只清楚我对教育现状不满，却并不明白应该怎么办。我知道我从哪儿来，却并不知道我要到哪儿去。感谢和您的相遇，让我明白什么是真正的教育，什么是理想的学校，什么是有意义的教育人生。感谢千年紫藤，她让我在这满目沧桑深具历史感的地方，和您有了一场美丽相遇，让我沐浴在智者的灵光之中！

  此致

敬礼！

晚生 杨斌
2016年5月6日

叶圣陶教育箴言

一 教育为人生

小学教育的价值,就在于打定小学生一辈子有真实明确的人生观的基础。(《今日中国的小学教育》)

今后的教育要着力于扩充儿童兴趣所及的范围,并使他们养成终身的习惯。一个人影响他人的能力的大小强弱,多半靠他自己的兴趣的多少和深浅。(《小学教育的改造》)

如果能给儿童布置个极其适当的环境,自己却忘记了自己是教师,而且使儿童也忘记了我是个教师,只觉得我是他们的环境之中的一个同情的互助的伴侣,这才是今后所需要的教育者。(《小学教育的改造》)

改革教育,如果不能在受教育者的精神上奠定这样的基础,其他枝枝节节的改革都是徒劳。(《根本的改革》)

受教育者自有发掘探讨的能力,这种能力只待培养,只待启发,教育事业并非旁的,就只是做那培养和启发的工作。

注重创发,不但使受教育者吞下若干东西,尤其重要的在使受教育者消化那些东西,化为自身的新血液,新骨肉。(《"生活教育"——怀念陶行知先生》)

教育事业的目标在辅导下一辈人的发育生长。
现在的教育工作者可不是什么人家的西席,而是以国民的身份,对国家尽一份责任,担一份工作。(《如果教育工作者发表〈精神独立宣言〉》)

教育不仅要增加学生的知识学力,同时要引导学生走入正轨,使其了解世界的大势,本国的情状,以及学生所负的使命和个人所处的地位。(《教育与人生》)

我想"教育"这个词儿,往精深的方面说,一些专家可以写成巨大的著作,可是就粗浅方面说,"养成好习惯"一句话也就说明了它的含义。(《如果我当教师》)

每一种功课犹如车轮上的一根"辐",许多的"辐"必须集中在"教育"的"轴"上,才能成为把国家民族推向前进的整个"轮子"。(《如果我当教师》)

如今的教育不管这一点,就失去了教育的意义,……因为这一点才是如今的教育的根本与灵魂,而没有根本的树木是枯木,没有灵魂的躯体是尸体。(《革除传统的教育精神》)

教育要变,就得在精神上变,革除传统的教育精神,认定以老百姓为本位。(《革除传统的教育精神》)

原来现代教育的最后目标在养成一个个的自由人，在建立一个民主的自由社会。

……不足以养成自由人，建立民主的自由社会为目标的教育，都是广义的奴化教育，广义的皇帝时代的教育。(《教育改造的目标》)

二　为人师表

我希望师范生都为教师，为学校里的太阳，代替以前昏暗不明的爝火。(《教师问题》)

所以我诚恳地陈说，当教师的人应当讲究修养。一般主持教育界论坛的人，应当时时想起教师修养是一件必要提倡的事。(《教师的修养》)

教师教学生靠语言，讲一堂课，谈一番话，语言是不可少的工具。可是要知道，决不能光靠语言。教师讲了一大堆有道理的话。开始他的实际生活并不那样，他的话就不会对学生起多大作用。(《教师必须以身作则》)

老实说，懂得孩子是一门大学问，我至今还没有参透这门大学问，可是我确实不曾把小学教师这个岗位看作"鸡肋"。现在想来，大概就在其中有乐趣。(《小学教师的工作》)

假如我的想法不错，那么小学教师就得在给予学生影响和养成学生习惯这两点上，特别下功夫。(《小学教师的工作》)

当教师的不必装作"万能博士"，也不必装作完全无过的"圣人"，这些虚伪的架子全无用处，只要你跟学生站在一边儿，不跟他们对立，你既

然已经悟到了这起码的可是基本的一点,你的办法必然行得通,你可以做一个成样儿的教师。(《给教师的信》)

教育事业既是"为"学生的事业,在认定"学生第一"这一点上,他们总该受人敬佩。(《给教师的信》)

"言教"并非独立的一回事,而是依附于"身教"的;或以言教,或不言而教,实际上都是"身教"。"身教"就是"为人师表",就是一言一行都足以为受教者的模范。(《教育工作者的全部工作就是为人师表》)

三 教育就是要养成良好习惯

我想"教育"这个词儿,往精深的方面说,一些专家可以写成巨大的著作,可是就粗浅方面说,"养成好习惯"一句话也就说明了它的含义。(《如果我当教师》)

中等教育的目标不外乎给予学生处理生活的一般知识,养成学生处理生活的一般能力,使他能够做一个健全的公民。(《受教育跟处理生活》)

最要紧的是教者学者都要认清楚:教科书不过是个纲领,是宾,真实的事事物物才是教学的材料,是主。(《读教科书不是最后目的》)

教科书好比一张旅行的路程单,你要熟识那些地方必须亲自到那些地方去旅行,不能够单单记住一张路程单。(《读教科书不是最后目的》)

习惯养成得越多,那个人的能力就越强。我们做人做事,需要种种的

能力，所以最要紧的是养成种种的习惯。(《习惯成自然》)

我们在学校里受教育，目的在养成习惯，增强能力。我们离开了学校，仍然要种种方面受教育，并且要自我教育。目的还是在养成习惯，增强能力。(《习惯成自然》)

原来"教育"这个词儿，如果解释得繁复，几本书未必说得完；简单的解释，一句话就可以说尽，就是"养成好习惯"。(《习惯成自然》)

实践就只在平时的一举一动一言一笑之间，并非说在平时的一举一动一言一笑之外，还有一种实践德目的行为在。(《德目与实践》)

四 教是为了达到不需要教

我想，教任何功课，最终目的都在于达到不需要教。假如学生进入这一境界，能够自己去探索，自己去辨析，自己去历练，从而获得正确的知识和熟练的能力，岂不是就不需要教了吗？而学生所以要学要练，就为要进入这样的境界。

给指点，给讲说，却随时准备少指点，少讲说，最后做到不指点，不讲说。这好比牵着孩子的手教他学走路，却随时准备放手。我想，在这上头，教者可以下好多功夫。(《为了达到不需要教》)

把"学习"认作"记诵"，不是学生自己的不是，乃是历来整个教育方法所造成的结果。

记诵不过是个开端，跟着就得把记诵的那些东西融化在生活里，成为精神上的血肉。(《"学习"不只是"记诵"》)

教育的对象是受教育的，受教育的是教育事业的中心，教育好不好，有没有实际效益，依理说，应该是受教育的知道得最清楚，体验得最亲切。(《受教育的与改革教育》)

至于"多练"，确乎极重要，不经过多练，理解的东西不容易化为熟练的知能和终身的习惯。要学生多练，又要不增加学生额外的负担，似乎不太容易。关键在教师怎样指导学生练习。(《讲和教》)

学生自己想得通的，说得清楚的，自然不必教。想不通了，说不清楚，这就是碰了壁了，其时学生心头的苦闷多么厉害，要求解决的欲望多么迫切，可想而知。在这种情况下受老师的教，真好比久旱逢甘雨，庄稼就会蓬蓬勃勃地滋长。(《讲和教》)

受教育的意义和目的是做人，做社会的够格的成员，做国家的够格的公民。想到"做"字，就可以悟出光记住些什么是远远不够的。必得把某些精要的东西化为自身的血肉，养成永久的习惯，终身以之，永远实践，这才对于做人真有用处。(《读书和受教育》)

因此，教师特别致力于引导学生善于自学，绝不是越出了教师的职责，绝不致贬低了教师的尊严。正相反，我以为唯有这样做的教师才够得上名副其实的教育家。(《读书和受教育》)

……达到不需要教，就是要教给学生自己学习的本领，让他们自己学习一辈子。

参观老师教课，要看老师是不是善于启发学生，引导学生，要看效果如何，学生是不是真有所得；所以不能光看老师唱独角戏。(《教育杂

谈——在民进外地来京参观教师茶话会上的讲话》)

五　受教育的人如同种子一样

一方面讲一讲，一方面听一听，在一讲一听之间，东西就装进了瓶子。东西既然装进了瓶子，瓶子里既然装进了东西，不是立刻会起作用吗？这诚然是个好的意见，可惜这样的愿望不免要落空（《"瓶子观点"》）

我只希望读者学习作者那种事事钻研，样样追究个为什么，样样能自己想出办法来实验的精神，这种精神是创造发明的动力。(《培养青少年的创造精神》)

受教育的人的确跟种子一样，全都是有生命的，能自己发育自己成长的；给他们充分的合适的条件，他们就能成为有用之才。(《吕叔湘先生说的两个比喻》)

受教育的人决非没有生命的泥团，谁要是像那个师傅一样只管把他们往模子里按，他的失败是肯定无疑的。(《吕叔湘先生说的两个比喻》)

六　德育总跟智育、体育结合在一起

在中小学校里，学科的划分只为着教学的便利起见，教学的时候利用语言和文字作工具，也无非为着便利，其总目标却在发展学生的知能；所谓知能包括思想和行动，也就是整个的生活。(《专供学生应试用的书籍》)

要贯彻全面发展的教育方针，咱们就得首先搞清楚什么是全面发展的

教育。(《新的学年》)

抓教育是应该的,但是怎么抓,要好好研究。一味加重学生的负担,不是办法。(《当前教育工作中几个问题》)

德育总跟智育或者体育结合在一起。(《德智体三育》)

凡是片面追求升学率的种种做法,……奉劝你们一律停止,为的是保护学生的身心健康。(《我呼吁》)

七 国文是发展儿童心灵的学科

国文是发展儿童心灵的学科。(《小学国文教育的诸问题》)

必须有正确的认识,国文教学才会有成绩。而达到正确的认识的先决条件,就是抛弃旧式教育的古典主义和利禄主义。(《认识国文教学——〈国文杂志〉发刊词》)

所谓学习方法,无非是参考,分析,比较,演绎,归纳,涵咏,体味,整饬思想语言,获得表达技能这些事项。(《认识国文教学——〈国文杂志〉发刊词》)

有些书籍的实质和形式是分不开的,你要了解它,享受它,必须面对它本身,涵泳得深,体味得切,才有得益。(《读〈经典常谈〉》)

虽然他们所用的大部分也只是通用的言词,也只是古今人这样那样运用过了的,而这些文字的生命是由作者给与的,终竟是唯一的独创的东西。

我们从正面与反面看,便可知作文上的求诚实含着以下的意思:从原料讲,要是真实的、深厚的,不说那些不可征验、浮游无着的话;从写作上讲,要是诚恳的、严肃的,不取那些油滑、轻薄、卑鄙的态度。(《作文论》)

作文……这源头很密迩,很广大,不用外求,操持由己,就是我们的充实的生活。

要使生活向着求充实的路,有两个致力的目标,就是训练思想与培养情感。(《作文论》)

王木春对话苏霍姆林斯基

相遇苏霍姆林斯基

王木春,福建省特级教师,首批福建省中小学教学名师。长期从事教育随笔写作,近年致力于民国教育文献的研究和编撰。著有《身为教师——一个特级教师的反思》,主编《叶圣陶教育演讲》《民国名家谈作文之道》《为幸福的人生——民国名家对话中小学生》等。现为福建省漳州市东山一中语文教师。

我的经典阅读

相遇苏霍姆林斯基

各位老师，大家好！记得有位学者这样评价德国哲学家本雅明："他如此地敏感，以至于他在讨论这些问题的时候，远远地走在同代人的前面。他……却成为了今天的我们的同代人，他似乎作为我们的一个同时代人在讲话。"看到这句话时，我正在重读苏霍姆林斯基，很自然地就把两人联系在一起。虽然苏霍姆林斯基已去世半个世纪，却当之无愧地"成为了今天的我们的同代人"，并且"作为我们的一个同时代人在讲话"。

第一次阅读《给教师的建议》

在介绍苏霍姆林斯基教育思想之前，我先跟老师们简单聊聊我跟苏霍姆林斯基的"缘分"。

2004年初，福建省新课程改革刚启动，我们当地教育局组织十几位"喜欢读书"的老师成立"读书班"，开展教育名著的阅读活动，读的书便是苏霍姆林斯基的《给教师的建议》。这是我接触到的第一本教育著作。苏霍姆林斯基这个名字也是第一次直接接触到，长长的名字念起来还有些拗口呢。

书一领到手，我就丢在一边。对所谓的读书班，我满不在乎甚至不屑一顾，觉得不过是领导在搞形象工程，走过场而已。第一次的开班仪式上，读书班的班主任C君布置大家回家先自学书中的某几篇，两周后交流。两周后大家碰头了，C君点名班长第一个发言。作为班长，我这才慌了手脚，一句话也说不出，只好借口这段时间高三毕业班杂事缠身，没工夫阅读。说完尴尬而懊悔地旁听其他老师逐一发言。

记得某小学老师发言说，他第一遍读了几篇文章，模模糊糊，不知所云，后来多看了几遍，慢慢理解了，"一些词渐渐清晰起来"。小学老师发言后，主持的C君表扬他那一句"一些词渐渐清晰"说得好，接着略为发挥。我肃然起敬，没想到小学老师这么好学、诚恳，同时没想到一句很平淡的话，经过C君的点拨与阐释，变得如此有内涵。老师们的发言给我一种感觉：这是一群真正的读书人。想不到，在我们这偏远的海岛，还有一群这样的人。我一直以为，自己已经够"优秀"了——那时，我已当了段长，又是学校部门的副主任，好歹是个"官儿"。

但是，说到读书，我就毫无底气。自大学毕业后，12年了，读的书少得可怜。在当时的我看来，再精彩的书，也没有电视和碟片吸引人。最用心看的书，是学校教参以及各类名师教案。至于那些教育名著，干巴乏味极了，始终没有半点阅读的兴趣，何况根本无益于高考和评职称。因此，我拿到《给教师的建议》后随手丢开，便是情理之中的事了。

这次读书班的交流会上，班主任C君又布置下一次交流的"作业"。这回无处可逃了，我好歹要给他一点面子。回到家，我硬着头皮打开《给教师的建议》，翻了几页，不知不觉间，就被打动了。它不是我想象中那种干巴巴的教育名著。它更像文学作品，是散文，是诗。书中有这样的句子：

在早秋的一个温暖而有阳光的中午，我和孩子们来到河岸边。我们分散在一片草地上。在我们的眼前,是一片点缀着秋季花朵的草原,鱼儿在清可见底的河水里游来游去,蝴蝶在空中翩然飞舞,燕子在蔚蓝的天空飞翔。我们来到一个高高的悬崖跟前,那上面经过多年的变迁已经露出土壤的剖面。孩子们很感兴趣地察看着各种颜色的泥土层和砂层。

阳光、草地、花朵、河水、蝴蝶、燕子、泥土……这也是教育吗?我吃惊了。

然而,正是这些诗意的语言,以及一个个真实动人的例子,在我的面前打开了一个新世界,那是关于教育的世界,儿童的世界。

书中这个世界,跟我多年来所经历的生活是不同的:我每天的工作似乎都一成不变,每一堂课都相似,每一届的学生似乎都差不多,就像他们的座位号一样,被固定为123456。同时,我所理解的"教育"很简单,无非把学生管好,具体到学科教学,就是把课本内容讲清楚、题目搞通,想方设法让学生考试获得高分。每教完一届毕业班,学生名次好,领导高兴,我也高兴,大家皆大欢喜。有一年,我的一个学生总分居全市第二名,着实让我风光一阵,可谓名利双收。总之,那时候,我以为,"成绩就是硬道理",学生考出好名次、教师名利双收,就是教育的最高境界、人生的最高境界。此外,对教育,我想不出还有什么大道理。

当我走进《给教师的建议》一书,这些"硬道理"渐渐离我远了。

很快,不再需要谁下达任务,我很快读完了《给教师的建议》。然后,用一本旧杂志的封面,庄重地把书包装起来。

然而,当我能够安静地在苏霍姆林斯基的书面前坐下来,我已经36岁了。

教育的核心：把学生看成活生生的人

下面进入正题，讲我这些年阅读《给教师的建议》一书的体会。苏霍姆林斯基的教育思想博大精深，但最感人和最给人以启发的，我觉得，是他的关于"后进生"的理论和实践。苏霍姆林斯基堪称一个真正的人道主义者。他不是那种坐而论道的教育家，而是实实在在的实践家、"真正的教育能手"。在长达35年的教育实践中，他转化了107个后进生（全部完成了八年制的教育。其中有13人受到了高等教育）。他甚至改变了一个6000人口的村庄的教育面貌（从1949年到1965年，村子有611人受完了中等教育，其中出了工程师84人，医生41人，农艺师38人，教师49人，其他专家30人）。这是教育的奇迹。我问自己：教书也二十多年了，转化了几个后进生？惭愧极了。其实，对一个教师来说，懂得如何教育后进生，也就懂得了教育的真谛。正像诺贝尔经济学奖得主舒尔茨说的："如果你懂得了穷人的经济学，那么你就会懂得经济学当中许多重要的原理。"

另一方面，在学校里，恰恰是后进生最需要学校和老师向他们伸出温暖的手。他们是校园里被边缘化的一群人。不少优秀生的成绩，主要是他们个人的天分和家庭环境造成的，老师的作用其实并不大。好学生，给这个老师教，与给那个老师教，区别不明显。但后进生，放在不同老师的手里，命运可能就不同。

言归正传。在具体介绍苏霍姆林斯基做后进生工作之前，我们先了解他的相关教育理念。

在《致未来的教师》一文中，苏霍姆林斯基说他常常收到大学生——其中主要是师范生——的许多来信。几乎所有的信里都提出一个问题：究竟在教育工作中什么是最重要、最主要的？苏霍姆林斯基说，他对这个问题已经思考了 32 年，回答它并不那么容易，因为在他的工作中，没有哪一样是次要的东西。"不过，教育工作毕竟还是有个核心的。"这个核心就是："最重要的是要把我们的学生看成活生生的人。"

先看一个案例。

在某学校里，八年级学生米哈伊尔成了全体教师感到头疼的人物。他常常把教师们惹得大发雷霆。早在五年级的时候，这个男孩子就"大名在外"了，老师们都说他是一个"没法改正的、无可救药的而且是狡猾的、善于随机应变的懒汉和游手好闲者"。离八年级结业还剩下 3 个月，米哈伊尔就自动离校去找工作了。

米哈伊尔在学校里，跟语文老师尼娜·彼特罗芙娜之间关系最紧张。米哈伊尔的作文很差，女教师一次次给他的作文打上"两分"。后来米哈伊尔干脆不再交作文了，还在课堂上"搞出各种各样的花招"，惹女教师生气。当知道米哈伊尔要离校参加工作的消息后，同事们都向尼娜·彼特罗芙娜表示祝贺。

几年后的一天，尼娜·彼特罗芙娜的电视机坏了。电视机修理部派一位手艺高的师傅来修理。这个师傅正是当年的米哈伊尔。女教师吃惊又尴尬。

米哈伊尔修好了电视机，女教师多给了他 3 个卢布。米哈伊尔把钱退还给老师，说："我的作文写得不好，可是我毕竟学会了正确地生活。"

过后，尼娜·彼特罗芙娜真诚地反省道："当他在修理电视机的时候，我惊奇地看着他，心里想：这完全不是当时在我的课堂上的那个人啊。……我们做教师的人，怎么会没有发觉，在我们认为无可救药的懒汉和毫无希望的'两分生'身上，在他们的心灵和双手里，还蕴藏着天才呢……不，这不仅是蕴藏着一个巧匠的天才，而是蕴藏着一个我们没有看到的大写的'人'。"

这件事也给苏霍姆林斯基很大的震动，同时解开了他多年来百思不得其解的一些困惑。比如，为什么一个儿童跨进学校大门以后，只过了两三年，他就不想学习了？为什么对许多少年来说，学习简直是"活活地受罪"？为什么国家正开始向普及中等教育过渡的时候，每年却有成百上千的少年中途退学？甚至为什么一部分男女青少年会对自己的学习成绩抱着一种极端漠不关心、毫不在乎的态度？这些症结的背后，都有教育的原因，那就是学校和老师没有把每个学生当成一个活生生的人来看待。

基于这情况，苏霍姆林斯基在《怎样培养真正的人》中提醒老师们说：并非所有的学生将来都会成为工程师、医生、科学家和艺术家，可是所有的人都要成为父亲和母亲、丈夫和妻子。因此，学校教育的首要任务是培养人，培养丈夫、妻子、母亲、父亲，而放在第二位的，才是培养未来的工程师或医生。

听到这里，在座的老师不妨反思一下：我所在的学校，是在做这样的教育吗？我有把学生都当成未来的丈夫、妻子、父亲、母亲来教育吗？

耐人思考的是，在《给教师的建议》中，作者极少使用我们常说的"差生"一词来指称学生，更多的是用"后进生"。这不是简单的翻译问题。

在讲后进生转化之前，我们有必要对"后进生"进行界定。在书中，后进生大致分几种类型：第一类，道德行为存在问题的学生，书中提到的这类学生极少；第二类，是尚未"觉醒"的学生（思维未觉醒，天赋未被揭开）；第三类，是"学习有困难"的或"理解力差和头脑迟钝"的学生。

关于后进生的形成原因也有三方面：一是个人的原因，二是家庭的影响，三是学校和老师的教育。

第一个原因，主要指遗传因素、天生疾病等，因为涉及医学问题，苏霍姆林斯基在书中基本不谈。下面我就从后进生与家庭的关系、后进生与学校的关系这两个方面，跟大家分享苏霍姆林斯基的教育思想。

1. 家庭影响:"一切困难的根源于家庭"

前几天,我们当地检察院负责未成年人犯罪工作的老林来学校联系工作,他提到好些未成年违法犯罪的案件,令人触目惊心、匪夷所思。其中一个吸毒女孩被抓时,刚好满16周岁。他告诉我,在这些案件中,孩子之所以走上犯罪,家庭因素占主因,而其中主要是父母离异。

检察院老林的话,刚好印证了哈佛大学做过的一个调查结论。这个调查叫"格兰特研究",研究的是"什么样的人,最可能成为人生赢家"。该研究从1938年开始,已进行了七十多年。其结论是:人生成功的关键是——"爱";而在各种"爱"之中,与母亲的亲密关系又占首位。

难怪苏霍姆林斯基会感叹说:学校教育的"一切困难的根源于家庭"。也正因为看到家庭教育的重要性,苏霍姆林斯基在书中多次谈到家庭教育。

我们先看书中的一个案例。

有个19岁小青年——他曾是苏霍姆林斯基的学生——在公园的小路上和一个素不相识的16岁少年相遇。由于少年不愿让路,于是小青年就把少年杀死了。被害者的母亲奔上前来,他又刺她一刀,造成重伤……被判决死刑后,小青年给苏霍姆林斯基写了一封48页的长信。后来小青年的母亲又找到苏霍姆林斯基,请求他去跟儿子见上一面。通过书信以及见面,苏霍姆林斯基深感震惊的是,这个青年的内心除了恐惧之外,没有对罪行的认识,更没有任何忏悔。

苏霍姆林斯基说自己是"抱着轻蔑和厌恶的态度来看这个人的"。同时,"却有一种损失了什么似的沉重感,像一块石头压迫着我的心……这是人的损失"。他认为,如果对小青年进行了正确教育的话,他是能够成为一个真正的人的。

而到了这个时候,小青年的母亲和父亲还无法理解为什么儿子会做出这种事来。苏霍姆林斯基说,那是因为他"可怕的精神空虚,不懂得生命是一种宝贵的财富"。

为预防一个人这种"滑入邪路"的危险，苏霍姆林斯基认为，家庭与学校就必须在他童年及早地"注射强有力的抗毒剂"，也就是，从小要培养孩子这些意识：

（1）"对不良行为的愤慨"。一年级的女孩子玛娅向苏霍姆林斯基报告：维佳用棍子乱打草坪里的花。苏霍姆林斯基首先告诉玛娅：维佳的举动是坏行为！于是大家一起去找维佳，保护那些花。苏霍姆林斯基说：这件事情在玛娅看来，是正义精神取得了胜利。同时，"这也是一块磨刀石，让儿童对恶的不妥协的精神磨得更加锋利"。他提醒人们，不要让儿童的思想和心灵接触到不正义的事情时抱着漠不关心的态度。否则，到了少年时期，你再想激起他们对类似行为的愤慨，那就不会收到任何效果，因为已经错过了那个年龄期。

此外，有了这种"愤慨"，有了是非观和羞耻心，孩子还会"渐渐地迁移，用来检查自己"。这就形成了一种自我教育的力量。

（2）"约束自己的愿望"。苏霍姆林斯基曾经教过一名总管束不住自己的男孩子罗曼。他喜欢无缘无故地一会儿打了这个同学，一会儿又把另一个女孩子的连衫裙故意弄脏。有一天早晨上课前，罗曼把小女孩廖霞扎小辫子的丝带扯去，小女孩哭着来告状。老师们遇到此类事件，会如何处理呢？苏霍姆林斯基是这么做的。他把罗曼找来，说："罗曼，你的自由是一种野蛮人的行为，它会使你在生活中跌跤的。要是成年人干出这种事，人们就会剥夺他们的自由，把他们关进监牢。我们对你将采取另一种办法。"

苏霍姆林斯基让罗曼伸出右手，用一根绷带把他的手掌和手腕缠住，然后把他的手牢牢地捆在衣袋里，使他不能使用这只右手。为了不使罗曼一个人觉得孤单，苏霍姆林斯基让学生也把自己的右手用同样的办法扎起来。

一整天，苏霍姆林斯基都跟罗曼在一起，上课，吃饭……这时，罗曼真切地体会到了：如果有一天真的失去了自由，生活将是一种什么滋味。罗曼终于学着约束自己。

苏霍姆林斯基说："如果一个人在童年和少年时代，没有体验过这样一种高尚而英勇的心理状态，就是有时候应当和有必要放弃给自己预示着许多满足的那种愿望，那么就很难把他造就成人。"

古人说，小不忍则乱大谋，讲的大概是同样的道理吧。可惜，在家庭教育中，许多父母太纵容孩子，甚至想方设法去满足孩子各种愿望，孩子从小失去了"忍"的磨炼。

由于早期缺乏正确的家庭教育而导致犯罪，这是一类后进生。接着这个案例中的学生，则是由于错失早期的智力开发而变成了"学困生"。

有个叫彼嘉的学生，连苏霍姆林斯基也说他"笨得出奇"。彼嘉笨到什么程度？他无法把苹果、篮子、树木这三样东西联系在一起。苏霍姆林斯基不无调侃道："也许，是大自然在分配的时候把彼嘉遗漏了，也许，他的头脑生得跟别人不一样。"

这种"笨"跟彼嘉童年时所处的环境有关。彼嘉的父母亲的工作地点离家很远，把孩子交给奶奶去管。耳聋的奶奶只好把彼嘉整天关在家里，不让接触别的孩子。到了五岁，彼嘉还不懂得什么是游戏。三四岁孩子能懂的东西，他也不懂。彼嘉快六岁了，数数还数不到5。彼嘉的不幸经历，让人想起那个印度"狼孩"。

苏霍姆林斯基观察到，那些聪明伶俐的孩子，一般都来自这样的家庭——父母很早就教会了孩子能看见极其细微的色彩和色调、运动和变化、各种事物和现象之间的依存性和关系。他还说："智慧训练开始得离儿童出生的时间越远，这个孩子就越难教育。"他批评一些家长存在一种错误看法：在入学以前还是让儿童的头脑像干净的白板一样保留着吧，不要教孩子认识一个字母,.不要教孩子读书，这样到入学后才能学得更好。

这种想法和做法的危险在于，会熄灭儿童的好奇心和求知欲。

从上面两个案例中，可以看出家庭早期教育的重要性。但是，家庭教育，不仅仅是家长的问题，尤其当家庭不重视或无力教育子女时。那么，学校和老师在家庭教育方面可以提供哪些帮助呢？下面的案例，提供了一个很好的参照。

柯里亚是个四年级的男生，学习很普通。一次，他对苏霍姆林斯基说："我应当好好学习，我妈妈有心脏病。"这孩子感到，如果他的记分册里出现了坏分数，母亲就会伤心难过。他希望用自己的劳动安慰母亲，不要使她操心和不安。

为此，苏霍姆林斯基说："如果你想做到使儿童愿意好好学习，使他竭力以此给母亲和父亲带来欢乐，那你就要爱护、培植和发展他身上的劳动的自豪感。……这是一条把学校和家庭联系起来的牢固的绳索，是一块吸引父母亲心向学校的磁石。一旦儿童对世界的乐观主义的感受遭到破坏，那么学校和家庭之间就筑起了一道铜墙铁壁。"苏霍姆林斯基非常注意保护好儿童的自豪感、信心，使之成为家校联系的纽带，并利用好家校联系这条"绳索"来开展工作。

关于家校联系，苏霍姆林斯基的做法在今天看来也很有创意。他把家长调动起来，直接参与到对儿童的教育教学中来。具体是：

早在儿童入学以前两年内，学校和家长就共同制定周密的计划，以便教给儿童一些初步的读写和算术知识。未来的学生每周到学校一次（在将入学的半年内每周来两次）。将要担任一年级工作的教师跟这些学龄前儿童一起活动。孩子们学习字母，学习阅读，解答应用题。另外，还办了一所"家长学校"。在给家长们讲课时，老师告诉母亲、父亲、祖母和祖父们，应当怎样教儿童识字和学算术，还传授给家长一些有趣的教学方式。高年级学生也没闲着，制作了许多直观教具，专门用来给学龄前儿童教认字和学算术用。这样,这些孩子在进入一年级时,就已经能阅读和计数了。这就大大减轻了日后的学习,也使儿童感到脑力劳动是件有趣的事。

更重要的是,这些入学前的准备,使儿童跟家长在精神上接近起来;另一方面,也使家长们有意识去关心儿童的成功和失败,懂得"对学业成绩的评定,并不反映对儿童道德面貌的评定",排除"好分数就是好学生"、没有得到"应得"的分数就意味着这个学生"不够格"的偏见。

当然,很多家长还是过分看重成绩,认为自己孩子得了3分的成绩,"是代表毫无用处的、很差的知识",苏霍姆林斯基对此也感到"不胜愤慨"。

其实,不仅普通家长看重分数,一些大人物也未能免俗。老师们猜猜下面这两封信是谁写的,我提示一下:他是位民国名人,以温和宽容著称,且受过完整的美国高等教育。

第一封:

你不是笨人,功课应该做得好。但你要知道世上比你聪明的人多得很。你若不用功,成绩一定落后。功课及格,那算什么?在一班要赶在一班的最高一排。在一校要赶在一校的最高一排。功课要考最优等,品行要列最优等,做人要做最上等的人,这才是有志气的孩子。

第二封:

今天接到学校报告你的成绩,说你"成绩欠佳",要你在暑期学校补课。

你的成绩有八个"4",这是最坏的成绩。你不觉得可耻吗?你自己看看那这表。

你在学校里干的什么事?你这样的功课还不要补课吗?

……今天请你拿这信和报告单去给倪先生看,叫他准你退出旅行团,退回已缴各费,即日搬回家来,七月二日再去进暑期学校补课。

这不是我改变宗旨，只是你自己不争气，怪不得我们。

这两封信可谓声色俱厉。写信的人，是大名鼎鼎的胡适。最终，两个儿子的学业都平淡，远远达不到胡适的期望，可以说，胡适在教育子女方面是失败的。所以，胡适晚年对秘书说："娶太太，一定要受过高等教育的；受了高等教育的太太，就是别的方面有缺点，但对子女一定会好好管理教养的。母亲有耐心，孩子没有教不好的；孩子教不好，那是做母亲的没有耐心的关系。"听了胡适这番沉痛的教训，在座的未婚男教师可得好好记住了，别把目标只对准"富婆"，而未婚女教师的心里一定是喜滋滋的。

胡适这里说到的"娶太太一定要受过高等教育"，跟苏霍姆林斯基的家教观不谋而合。苏霍姆林斯基曾调查了两千多个家庭，从儿童的遗传、日常生活、营养和精神生活等方面加以研究，发现一个共性：许多后进生的产生，是由于儿童在出生后的最初的两三年里没有受到完满的母亲教育。他进一步认为，"如果儿童在出生后的最初的两三年里，没有通过最亲近的人——母亲，就这个年龄期的儿童所能接受的程度来发现世界，如果他没有感觉过母亲的爱抚的、慈祥的、忧虑的目光，如果他没有听到过本族语言的细腻而充满情感的音调，那么这个儿童的智力生活就会跟有正确的母亲教育的儿童走上完全不同的发展道路。"接着，苏霍姆林斯基提出了一个非常温馨而有意义的概念——"母亲教育学"。这个概念让我想起犹太人的一句谚语："一个好母亲胜过一所好学校。"

总之，在苏霍姆林斯基看来，早期的"家庭教育"不可忽视，它既有利于儿童形成良好的思想品德，又训练儿童思维。同时，学校要发挥作用，推动、帮助家长做好家庭教育。

当然，后进生的产生与转化，还跟学校息息相关。

2. 学校教育："每个儿童都按照自己的方式来经历"

《给教师的建议》中写道，一位母亲写信告诉苏霍姆林斯基："我的女儿流着眼泪打开写满了两分的记分册，恳求说：'妈妈，咱们搬到没有学校的地方去住吧……'"说这话的是一个十岁的孩子。让学生失去学习的愿望甚至厌学，是学校制造大量后进生的关键因素。

在学校里，学生为什么会失去学习的愿望？我从书中归纳出几方面：

（1）教学体系存在缺点。学校教育方面的缺点，会极大地影响学生对学习的态度。这些缺点主要有：重复别人思想，没有表达自己；偏重记忆，让儿童变笨；灌输现成结论，不让学生去"积极获取"，体验劳动的收获；等等。

苏霍姆林斯基讲到一种值得老师们警惕的现象，不少小学生低年级时是优秀生，但很快变成差生，原因就出在"死记硬背，硬给结论"，"结论不是从生活中抽取出来的，不是建立在分析事实的基础上的……"。这种急功近利的做法，对年龄越小的学生摧残越大。根据我的观察，小学教师的子女考取名校的比例，远低于高中教师的，其中一个因素就是一些小学教师家长，比较喜欢给自己孩子一些现成的知识，导致孩子从小丧失自我探求知识的兴趣。

（2）教师争分夺秒，榨干学生。在一所八年制学校里有四个延长学习日的小组（是为父母为双职工或家中无人照料的学生而设的）。小组里的学生给苏霍姆林斯基讲了这样一些奇怪的事：所有的学生在课后都必须留在小组里，不许回家。门口有一个教师值班，只有把书留在教室里的学生，才放他出门。被逼无奈的学生们很快想出一个对付的绝招：把书包从气窗口里丢出去，然后空手走出教室。后来学校不得不在窗台下面加派一名教师值班。苏霍姆林斯基用一个词来形容这种做法——"笑话"。

想想看，学生被彻底剥夺了自主性，他在学校里还有多少快乐可言？他愿意学习吗？现在，有些学校津津乐道所谓的"无缝教育"，时刻盯紧每个学生的一举一动甚至上厕所,与这"笑话"有异曲同工之妙。

为此,苏霍姆林斯基呼吁,要给学生自由支配时间。他在书中多次强调:

> 学生的学习日被各种学校功课塞得越满,给他留下的供他思考与学习直接有关的东西的时间越少,那么他负担过重、学业落后的可能性就越大。

> 自由时间的问题,不仅是涉及教学,而且是涉及智育、全面发展的最重要的问题之一。正像空气对于健康一样,自由时间对于学生是必不可少的。

> 学生的自由时间来自课堂:明智的、善于思考的教师能给学生赢得自由时间。

(3)学生在校缺乏尊重感。书中有个案例:一名叫阿辽沙的学生,无论如何也弄不懂植物是怎样吸收营养、怎样呼吸的,以及怎样从幼芽里发育出叶子、怎样从花里结出果子的。生物教师经常提问和刺激他:"难道你连这么简单的东西都弄不明白吗?你究竟能干点什么呢?"渐渐地,阿辽沙对自己失去了信心,以至于连最基本的知识对他来说也变得复杂了。一次上课,生物教师说:"再过几天,幼芽就要长出来了,我们全班都到长着栗树的林荫道去观察。在那里,要是阿辽沙还说不出别人都明白的东西,那时候事情就毫无希望了。"

这个生物教师很喜欢自己栽种的东西,他从种子培育出栗树的幼苗,再把这些小栗树排成一条林荫道。过了几天,当全班学生来到栗树林荫道的时候,大家都惊呆了:树上的幼芽全被剥掉了……此时只有阿辽沙的眼光里,露出幸灾乐祸的火花。

讲完案例,苏霍姆林斯基说,阿辽沙这个行为的背后,是内心的深深的痛苦、屈辱、精神力量的突然燃烧和暴发。他以此表示抗议。他感到,教师的话里含有恶意。而孩子是要以怨报怨的,有时候甚至作出奇怪的、荒唐的、毫无意义的事来。

接着苏霍姆林斯基提醒读者:"每一个儿童都是带着想好好学习的愿望来上学的。这种愿望像一颗耀眼的火星,照亮着儿童所关切和操心的情感的世界。他以无比信任的心情把这颗火星交给我们,做教师的人。这颗火星很容易被尖刻的、粗暴的、冷淡的、不信任的态度所熄灭。要是我们,做教师的人,在心里也像儿童对待我们那样,把无限的信任同样地给予他们就好了!那将是一种富有人情的相互尊重的美妙的和谐。"

我曾经接触过一个班主任,按月考分数,让学生先后挑选教室里的座位。这做法貌似公平,其实是"丛林法则"那一套。这是教育吗?这是学校吗?苏霍姆林斯基说,学校是给人尊严的地方。但是,我常常看到有些老师为了分数,使用各种方法去摧毁学生的尊严。

以上是学校教育中"后进生"产生的几个主要因素。

下面我再结合案例,总结苏霍姆林斯基转化后进生的经验。

1. "到书架跟前去"

在我所接触的中外教育家中,没有谁像苏霍姆林斯基这样,反反复复地强调书籍在教育学生中的地位。在他看来,"一个阅读能力不好的学生,就是一个潜在的差生",后进生"一般地说就是那些没有学会阅读的少年","阅读不单纯是一种基本技能,而且是一个复杂的智力发展过程"。他所指的阅读,不仅读文学作品,还要读科普和传记,而后两类更重要。现在有人不知不觉就把阅读局限在人文书籍,是十分片面的。

首先,阅读能丰富学生的智力背景。三十多年的教育工作使苏霍姆林深信,对于很多儿童,把学习仅仅局限于背诵必修的教材是特别有害的,这种做法会使他们养成死记硬背的习惯,变得更加迟钝。他曾试用过许多手段来减轻这些学生的脑力劳动,结果得出一条结论:最有效的手段就是扩大他们的阅读范围。于是，他在任教三至四年级和五至八年级时，总是注意给每一个"后进生"挑选一些适合他们阅读的书籍和文章，这些书刊都用鲜明、有趣、引人入胜的形式来揭示各种概念和科学定义。

苏霍姆林斯基从三年级到七年级教过一个学生费佳。费佳遇到的最大障碍是算术应用题和乘法表。在其他年级里也有和费佳有某种相似之处的孩子。于是，苏霍姆林斯基给这些孩子编了一本特别的习题集。习题集里约有200道应用题，主要是从民间搜集来的。每一道题就是一个引人入胜的小故事。它们绝大多数并不需要进行算术运算，但要求动脑筋思考。起初，费佳只是简单地读读这些习题，就像读关于鸟兽、昆虫、植物的有趣的故事一样。过了不久，费佳就明白了：这些故事就是习题。这孩子对其中一道最简单的习题思考起来，并且在苏霍姆林斯基的帮助下解答出来了。解题原来是这么简单，这一点使费佳感到惊奇，同时感到自信。接着，苏霍姆林斯基还给费佳搜集了一套专门供他阅读的书籍，大约有100本书和小册子，可供这孩子从三年级读到七年级。后来又给费佳配备了另一套图书（约有200本）。有些书和小册子是跟课堂上所教的内容有直接联系的，另一些书并没有这种直接联系。

到了五年级，费佳的学业成绩就赶上来了：他能和别的学生一样，解答同样的算术应用题。到六年级，这孩子突然对物理发生了兴趣。他后来在学习上还遇到过困难，特别是历史和文学。但是，每一次困难都是靠阅读来克服的。七年级毕业后，费佳进了中等技术学校，后来成了一名高度熟练的专家——机床调整技师。

苏霍姆林斯基说："我从来没有、一次也没有给这样的学生补过课，那种补课的目的就是让学生学会在正课上没有掌握的教材。我只教他们阅读和思考。阅读好比是使思维受到一种感应，激发它的觉醒。……学生学习越感到困难，他在脑力劳动中遇到的困难越多，他就越需要多阅读：正像敏感度差的照相底片需要较长时间的曝光一样，学习成绩差的学生的头脑也需要科学知识之光给以更鲜明、更长久的照耀。"

苏霍姆林斯基有个同事特卡琴柯，是非常优秀的数学教师，他教的中学生从来没有不及格的。这位教师最突出的特点，就是善于通过阅读来发展学生的智力。从五年级教到十年级，他教的每一个年级都有一个绝妙的小图书馆，里面有不止 100 种书籍，这些书都是以鲜明的、引人入胜的形式来讲述他觉得是世界上最有趣的一门科学——数学的。例如，在教方程以前，学生们就读了几十页关于方程的书，这种书首先是些引人入胜的故事，讲的是方程怎样作为"动脑筋习题"在民间的智慧中形成。

苏霍姆林斯基总结道：如何有预见地、有组织地让学习较差的学生阅读一些科普读物，是教师要关心的一件大事。这种阅读，是"对后进生个别施教"的重要方法。

其次，阅读是学生进行自我教育的途径。在苏霍姆林斯基看来，"青少年精神空虚的原因之一，就是缺乏真正的阅读。这种阅读应当占据人的整个理智和心灵，引起他去深入思考周围世界和自己本身，迫使他去自学观察和了解人的灵魂的复杂性，迫使他去考虑自己的命运和前途。"为此，他强烈地主张"少年的自我教育是从读一本书开始的"，而且读书习惯越早养成越好。

当下，农村的后进生比较多，其中一个因素就与他们的阅读量偏少有关。

有意思的是，在苏霍姆林斯基那个时代，书籍已经面临着跟其他的信息源（电影、电视、录音带等等）进行竞争的局面。因此，即使在那些有好书供学生阅读的地方，书籍也会经常被摆在书架上，成为"沉睡的巨人"。

除了读纸质的书本外，苏霍姆林斯基还主张后进生要读另一本书，那就是大自然。

2."思维课"——"到大自然去旅行"

刚才例子中讲到的后进生彼嘉,他笨得无法把苹果、篮子、树木这三样东西联系在一起。面对这种学困生,苏霍姆林斯基的办法便是给他上"思维课"。

很多教师认为,多给这些学生补课就行了。苏霍姆林斯基认为这种看法是大错特错的,他说:"不要强迫儿童尽量长久地死抠书本,而要培养智慧,发展大脑,教他去观察世界,发展儿童的智力。"

书中这方面成功的案例不少,我举一例。

小学生彼特里克在算术上是个很迟钝的孩子,他有个致命特点,就是不能理解算术应用题的题意,即各种条件。按普通老师的做法,是去帮他解读题意了。但苏霍姆林斯基不这么做。他认为首先要使这孩子通过自身的努力,去理解各种事物和现象之间的相互联系的实质。于是,他把几个和比特里克差不多性质的孩子带领到自然界里去,让他们一次又一次地观察和对比各种事物、各种属性和各种现象,教他们看出事物的相互作用。目的就是使孩子们理解数的依存关系,相信这些依存性并不是什么人空想出来的,而是现实地存在的。

有一次,他们一起去观察联合收割机在收割小麦的情形。每过一会儿,就有一辆汽车装着小麦离开联合收割机。联合收割机的谷箱需要几分钟才能充满谷物呢?孩子们很感兴趣地看着表:需要17分钟。人们怎样安排自己的工作,才能使联合收割机不因谷箱装满后无法把谷物运走而中途停下来呢?现在离谷箱充满只剩下5分钟、4分钟、3分钟了,孩子们紧张起来:大概联合收割机终于不得不停下来了。还剩下2分钟,正好这时候从树林后面开出一辆汽车。汽车从这里开到收购站正好需用一小时。这就是说,人们考虑到了距离和时间之间的依存关系。他们安排用来运走谷物的汽车数,正好能使联合收割机不停顿地工作。苏霍姆林斯基问孩子们类似的问题:假如汽车从田地开到收购站的时间不是1小时而是2小时,那么安排运送谷物的汽车应当是更多呢还是更少?

这些孩子开始动脑子,然后作出正确的回答。在这个过程中,他们慢慢懂得了:应用题并不是空想出来的东西,而是存在于现实的生活里。

经过很长时间的这种观察思考,苏霍姆林斯基让彼特里克注意人们在劳动过程中解决的那许许多多的应用题。终于,有一天,彼特里克独立地解出了一道应用题。这孩子兴奋极了,他开始激动地解释应用题里说的究竟是怎么一回事。后来,这孩子连放学的时间也等不及,就跑回去跟母亲分享他的快乐。

苏霍姆林斯基在叙事完这个案例后说:"彼特里克为自己的进步而感到自豪。这是人的尊严的源泉。没有为自己的劳动而感受到自豪感,就谈不上培养出真正的人。……我们任何时候都不要急于作出最后的、绝对的结论:某某学生什么都做不来,他的命运就这么注定了。也许,一个孩子在1年、2年、3年内什么都不行,但是终有一天是能行的。思维就像一朵花,它是逐渐地积累生命的汁液的。……让我们教会儿童思考,在他们面前展开思维的最初的源泉——周围世界吧。"

读到这里,当时我也很感动。这个笨笨的比特里克长大后是否有出息,在我看来已经不重要了,重要的是,他在学校里获得求知的快乐以及做人的尊严。

可惜,现在出于安全考虑,学校几乎不带学生到大自然去了,这工作只好留给父母自己来做了。

3. "心爱的角落"——"每个学生在某个领域里获得幸福"

苏霍姆林斯基转化后进生的办法,还有一个很值得一提,就是在学校里有各种课外小组(或学习小组),苏霍姆林斯基给它取了一个很美的名字——"心爱的角落"。

苏霍姆林斯基认为,一个人不可能对任何事物都不感兴趣,"要唤醒那种无动于衷的学生,把他从智力的惰性状态中挽救出来,就是要使这个学生在某一件事情上把自己的知识显示出来，在智力活动中表现出自己和自己的人格。"在实践中，他把课外小组分两类：学科小组，学科外兴趣小组。

书中那篇《一个"差生"的"思维的觉醒"》，详尽地讲述了"差生"巴甫里克的转变过程：从一个被认为"思维迟钝的儿童"终于变成了人们眼中的"未来的学者，天才的园艺家"。

巴甫里克刚入学的时候，是活泼的、好动的、好奇心强的孩子，但不久，他就变得沉默寡言，过分地守纪律、听话和胆小了。原因是在入学后的最初几个星期里，巴甫里克就感到，他和别的孩子有些不同，比如他分不清字母的区别，记不住简单的短诗。女教师专门为他把那首短诗一连读了好多遍，他也用心地记忆，但是还是徒劳无功。女教师开始愤怒地指责他，这更让他感到痛苦和畏惧。

在校务委员会的会议上，女教师认为，巴甫里克是一个思维迟钝的孩子，应当花更多的时间来学习。女教师还认真地给巴甫里克尽量补课。

有几次，苏霍姆林斯基带领孩子们到田野里和树林里去。他发现，一到这种地方，巴甫里克就变得跟在教室里完全不同了，他对大家讲了许多他观察植物和动物的有趣的事情。过后，苏霍姆林斯基对女教师说："巴甫里克不可能成为一个学习落后的学生，我们不要用那些音节和应用题把这孩子的智慧束缚住了。"但女教师不予采纳。

几个学期过去了，女教师竭尽全力地帮助巴甫里克，她甚至不允许巴甫里克"浪费时间"去参加课外活动。她还通过一件小事判断巴甫里克"对于别的孩子感兴趣的那些事，本来就没有真正的兴趣"。这依然说服不了苏霍姆林斯基。

有一次在放学后，在生物室的苏霍姆林斯基发现巴甫里克正在朝门里张望，就邀请他进去看看。接着，从这孩子怎样观察，以及从他跟苏霍姆林斯基一起回家的路上所说的那些非常激动的话里来判断，苏霍姆林斯基更加怀疑女教师对巴甫里克的判断。

巴甫里克十分艰难地从四年级（小学）毕业了。在五年级，巴甫里克的生活里也出现了一点新的东西：在许多课堂上，已经不像在小学时那样只要求听讲和记忆，而且还要求动手做一些事情。这种课是巴甫里克喜欢的。但他最感兴趣的是植物课。那位植物学教师善于安排课堂教学，他不仅要求学生像平常所说的那样"掌握教材"，而且让学生去自己获取知识。他要每一个学生都缝一个布口袋、做几个纸袋，以便装各种各样的"生物材料"，准备上课时使用。学生们从布袋里掏出的东西，有各种枝、叶、根、茎、花和种子。所有这些，老师都让学生用放大镜仔细观看，加以比较，并且画下来。

直到这时，全体教师才第一次听说，原来巴甫里克是一个非常聪明好学的学生，而他的智慧——用自然学科教师的话来说，是"表现在手指尖上"，他会做的事"是有经验的园艺工也很少能做成功的"。比如，在一节植物课上，学生们在学习用各种方法把果树嫁接到野生砧木上去。教师注意到，巴甫里克是非常精确地切开砧木的树皮，把幼芽跟插条分离开，同时对它仔细地察看起来。他在思考能不能不经过嫁接就培育出树苗。老师告诉他："可以的，但这非常困难，只有米丘林式的经验丰富的园艺家才能做得到。"放学以后，教师领着巴甫里克到暖房里去，详细地告诉他，应当怎样准备和进行这一场有趣的试验。

经过巴甫里克的努力，试验获得了意想不到的成功。后来那位生物教师对全校老师说，"要知道，他是一个真正的试验者，是未来的学者，天才的园艺家！他不单纯是要达到预定的目标，而且是在探索、研究自然界的现象，当然，他用的是自己的方法，还带点稚气"。

这件事情后，巴甫里克发生了根本性的"转变"。他身上那种害怕、拘束、犹豫的表现消失了。他在课堂上回答问题的时候，不仅积极，而且有独立的思考，甚至提出许多问题，让教师们简直找不出时间回答他。大家把巴甫里克发展中的这一变化称为"思维的觉醒"。中学毕业后，巴甫里克进了农业学院，后来成为农艺师。

从巴甫里克的身上，我们看到了一个教育规律，那就是，让每个学生特别是后进生，在某个领域里找到天赋、获得成就感，是多么重要。

苹果手机创始人乔布斯也是一个例子。据《乔布斯传》记载：在乔布斯上小学之前，母亲就已经教他阅读了。但这反而造成了一些麻烦。在学校的最初几年他觉得很无聊，就不断惹麻烦。有一次，乔布斯和另一个同学在老师的椅子下面点燃了炸药，把她吓蒙了。

乔布斯在读完三年级之前被老师送回家两三次。等到他即将进入四年级的时候，来了一名女教师希尔。在观察了乔布斯几个星期后，有一天放学后，希尔给了乔布斯一本练习簿，要乔布斯把上面的数学题都解出来。还说，如果大多数都做对了，就把这很大的棒棒糖送给他，另外还送你5美元。乔布斯用了不到两天就做完交给她了。几个月之后，乔布斯不想再要奖励了，却开始主动学习。

希尔老师还帮乔布斯弄到一些小工具，让他可以做些打磨镜头、制作相机之类的事情。就这样，乔布斯慢慢走上正轨。在去世前，乔布斯回忆说："我从她身上学到的东西比从其他任何老师那儿学到的都要多，如果没有她的话，我一定会坐牢的。"乔布斯把她称为"生命中的圣人之一"。

如何在"心爱的角落"里，让"每个学生在某个领域里获得幸福"呢？苏霍姆林斯基做了一些成功的尝试：

首先，给学生自由活动时间。苏霍姆林斯基认为，学校不应让学生把全部时间都用在学习上，而要留下许多自由支配的时间。为此，他的学校规定学生上半天学习，下半天自由活动，开展各种兴趣小组。我记得周有光先生1920年前后在常州中学读书，学校上午上三节，每节五十分钟，下午是游艺课，而且可以自己选课，假如你喜欢古典文学，可以选古文；喜欢书法，可以选书法；喜欢打拳，有两位老师教打拳，一位教北拳，一位教南拳；喜欢音乐，可以选音乐，音乐有国乐、外国音乐两门。著名的音乐家刘天华就在学校教音乐，还在学校搞一个军乐队，每到下午4点，就在学校里一面演奏一面绕一个大圈子，听到军乐声，大家都休息了。而游艺课是不用考试的。在这样宽松的环境里，常州中学的学生水平却很高，尤其英文。学生到大学里，都能自如地运用英文了。

仅仅给学生自由时间还不够，学校还要创设条件"帮助每一个学生找到心爱的事物"，即兴趣点。苏霍姆林斯基的学校给学生提供了相当丰富的资源：

有装备很好的工作室和工作角：四个技术创作工作室，三个小工场，一个无线电实验室，一个自动化和遥控技术活动室等等。设有一个"少年建筑家"之角。在电工学专业教室里，为各个年龄期的学生设置了工作位置。有一个小型的陶器工厂，孩子们制作出器皿和各种各样的小瓷像。有两个暖房，绿色实验室，果树园圃，养蜂场，等等。

兴趣小组的广泛开展，推动了课内成绩的提高。例如，在机械化、电工学、模型设计和制作方面有明显兴趣的学生，对物理教学大纲中已有的某些章节学习得更加细致，并且准备补充学习一些教学大纲中没有的材料。学校同时配置了相关的参考书籍。

结束语

最后，我用几句话来结束本次讲座：这是我第三次通读这本书，每读一遍，都受到感动和启发，同时是一次精神的净化过程。但是，读经典不能局限于接受，还要结合自己的实际，在实践中加以运用和创新。在《给教师的建议》书中，苏霍姆林斯基告诉读者："如果你们想成为真正的能工巧匠，那就不要等待'别的女人替你生产你怀胎的孩子'。只有你在其中倾注了自己的智慧、自己的活的思想的教学方法，才是最好最有效的方法。"这句话说得幽默而中肯，愿与老师们共勉。

谢谢大家！

给苏霍姆林斯基的一封信

当良知遭遇压力

苏霍姆林斯基先生:

您好!

首先,请允许我向您表达诚挚的谢意。2004年,读了您的《给教师的建议》,我的职业生涯发生了转折。对我来说,这本书是启蒙,是福音,它告诉我,什么是真正的教育,如何做一名合格的教师、合格的家长。从此,我走上跟往日不同的教育道路:我开始反省教书十二年来的所作所为,同时阅读其他的人文著作,寻找着我心中理想的教育、有意义的人生。

转眼又一个十二年过去了。这些年,在中国的教育领域,一轮接一轮的改革浪潮席卷而过,各种豪言壮语如春雷滚滚不息,可现实中,多少不合理的现象依然如故。十九年前,我刚毕业五年,任教高二年级的"尖子班"。那年暑假,学校照例重新编班,这意味着,尖子班的少数学生将被分流到慢班。学生林东艺,数学成绩低,影响了总分,就在分流之列。他用十分漂亮的字体,写给我一封十多页的信,字里行间充斥着绝望、困惑、愤怒、哀求。我把信上呈给一位分管年级的领导,老领导看了信,无奈说:"木春老师,我同情他,但我们也没办法啊,上头要升学率呀!"这位学生毕业后，杳无音讯。我体会到他对母校无法释怀的怨愤之情。

多年后，我也当了"分管年级的领导"，手中握有对学生的编班进行生杀予夺的权力。每年的编班，对我来说，都是一场噩梦。我总能看到不少学生（包括家长）愤怒而悲哀无助的脸——他们知道，一旦到了慢班，几乎等于学校宣判了他们高考的无望。

如今，我不再担任"分管年级的领导"了，再不必做这种刽子手般的勾当。然而，即使当普通的学科教师，我仍无处不遭遇"教育之恶"的侵袭。就编快慢班的事来说吧，风气愈演愈烈。前几天一则新闻：广西永福县某乡镇中心小学依据学生考试成绩划分班级，把成绩最差的学生"分配到最差的教室，配备代课老师"，有家长将其称为"学渣班"。小学生比高中生更缺乏自我意识，被贴上"差生"标签后，极易自暴自弃、"破罐子破摔"。新闻中，记者采访了一位当年从这类"学渣班"出来的学生，他回忆说，"学渣班"的学习环境就一个"乱"字，在班上，早退旷课、打架斗殴、抽烟赌博、早恋等问题一大堆，有的学生连班主任都敢打，一些男生则聚众赌博、看黄片、撬锁偷盗，有的因此进了监狱。

我不清楚，这种畸形的小学"学渣班"在全中国有多少，但中学阶段，却是较普遍的现象。我的高中同事就曾戏称那些没希望考上重点大学的学生是"陪读生"，因为高考指标只看上重点的人数。有的学校，更把教学的关注度都聚焦在极少数可能考北大清华的学生身上，比如，专门为这几只"大熊猫"配备单间宿舍，派最好的辅导老师，还承诺高考成功后的重奖，可谓"全校宠爱集一身"。在县城中学，如有一两名学生上了北大或清华，一夜间在社会引发核爆，接着，学校会被上级主管部门授予"功勋学校"之类的荣誉；学生会得到当地政府的慷慨奖励（相关老师也会沾光）、企业的大力赞助，然后是县领导上门慰问，电视台专题报道……让人恍惚回到明朝清朝。至于其他几百个"陪读生"，考试结果如何，大家并不多关注，考烂了也无妨，因为"一白遮百丑"。

这就是当下中国教育的生态。对此，一些刚出道的教师出于良知，曾流露过不满，但三五年后便麻木了，就像当年的我一样。大家形成一种共识："为了完成上级的考试指标，我们别无选择，或者说，这是校长安排我做的，我不执行，便是我的错。再说拿不出成绩，以后评职称就危险了。"而校长们也振振有词："这是上面给学校的升学指标，考不好，学校的声誉就没了，我这校长也甭当了。"

更多的老师，早已被同化，连质疑的意念都没有，他们心中有牢不可破的观念，也就是您在书中批评的观念："好分数就是好学生，没有得到'应得'的分数就意味着这个学生'不够格'。"

我曾想过，买几十本您的《给教师的建议》送给一些人，假设他们认真读了，假设他们的心还没钙化，会不会扪心自省说"我有负于孩子们"？

苏霍姆林斯基先生，您从事教育的时间主要集中在上世纪五六十年代，这时期，苏联与中国的政治语境是相似的。我一直困惑，同样的土壤，苏联能产生您这样的教育家，而在另一个泱泱大国竟一片荒芜。更令我费解的是，时间到了半个世纪后的今天，我们的教育仍深陷在功利主义的泥淖里，挣脱不出。

当然，我不是说，您当时所处的环境是一片晴天，您在文章里也提到，"好分数就是好学生"的观点"已经渗透到许多家庭和社会生活中去了"，为此还出现了个别老师谎报成绩的现象。但您依然执著地劝您的同事们："你们应当坚定地对自己说：'三分'——这是一种对于完全令人满意的知识的鉴定。""请记住：远不是你所有的学生都会成为工程师、医生、科学家和艺术家，可是所有的人都要成为父亲和母亲、丈夫和妻子。"

此时，我很想知道，如果上级也给您施加各种升学压力，作为教师的您将如何办？而作为校长的您又将如何对待？您还会一如既往，把很多时间和精力花在这些"陪读生"、"学渣"的身上，耐心等待他们慢慢地成长吗？面对中国今天这种教育生态，您想对中国的老师们提出什么新建议？

在《给教师的建议》中，被您提到姓名的学生有数十个，其中有姓名又有"故事"的不下 20 个，他们全属于"后进生"，放在今天的中国，他们可能连当"陪读生"的资格都没有。这些标准的"学渣生"，要么早被勒令退学，要么自动退学——"自绝"于学校和老师。可是在您的书中，"学渣"的他们成了主角，您用温暖的文字，写下他们成长的足迹。请您告诉我，您如此倾心于这些孩子，"把心献给孩子"，仅仅因为爱吗？是否还有其他的动力？您在书中说："每当我想到，在许多学校里，在教室的最后排，还坐着一些好像被遗弃的落伍生和留级生，他们心情郁闷，性格暴躁，或者对知识毫不动心的情况时，我就不能不感到一种由衷的痛心。我们不能让这些学生怀着冷酷的心情，对知识毫无兴趣地走出校门！"我不知道，这种"痛心"与您个人特殊的成长背景（比如，您出身农村贫民家庭，小学和中学都就读农村中学等等）是否有关联？

不多写了。请原谅这信里有些言辞的激烈，我的确过于激动了。

再次谢谢您，感谢您给予我精神力量，并将继续赐予我前行的力量。

王木春

2016 年 4 月

苏霍姆林斯基教育箴言

一　做一个美的人

没有美的教育，就不可能有完整的教育。……我认为很重要的一条，就是教会孩子去观察美，同时去思考美和人的高尚品格。(《怎样培养真正的人》)

进行道德教育，造就真正的人——就是在号召做一个美的人。(《怎样培养真正的人》)

美育的最重要的任务，就是教会儿童从周围世界的美和人的关系的美中看出精神的高尚、善良和诚恳，并在此基础上在自己身上确立这种美。(《全面发展的人的培养问题》)

一个人如果从童年时期就感受到美的教育，特别是读过一些好书；如果他善于感受并高度赞赏一切美好事物，那么，很难设想，他会变成一个冷酷无情、卑鄙庸俗、贪淫好色之徒。(《给儿子的信》)

在为人们创造财富与欢乐的结合中，通过认识美，比如说，认识一朵小花的美，岸边上色彩斑斓的小石子的美，鲜红色霞光万道的美，朗朗语调的美以及人们的行为美来认识自己。在这种结合中则蕴藏着相当强大的教育力量，使你这个教育者能获得真正神奇的才能，让孩子的心灵为之震惊，并能让其挺直起来，如果孩子的心灵在痛苦、不幸、灾难的压迫下弯曲了的话。作为儿童欢乐的创造者——教师的权利，恰好在于为幼小的儿童去打开通往美的世界的大门。(《怎样培养真正的人》)

二 无比相信书的教育力量

我的教育信念的真理之一，便是无比相信书的教育力量。(《教育的艺术》)

一本智慧丰富的、有鼓舞力的书，往往能决定一个人的命运。(《教育的艺术》)

阅读应当成为吸引学生爱好的最重要的发源地。学校应当成为书籍的王国。(《给教师的建议》)

学生的智力发展取决于良好的阅读能力。(《给教师的建议》)

学生学习越感到困难，他在脑力劳动中遇到的困难越多，他就越需要多阅读。(《给教师的建议》)

课外阅读，用形象的话来说，既是思考的大船借以航行的帆，也是鼓帆前进的风。(《给教师的建议》)

如果一个人没有在童年时期就体验过面对书籍进行深思的激动人心的欢乐，那就很难设想会有完满的教育。(《给教师的建议》)

真正的阅读能够吸引学生的理智和心灵，激起他对世界和对自己的深思，迫使他认识自己和思考自己的未来。没有这样的阅读，一个人就会受到精神空虚的威胁。无论什么都不能取代书籍的作用。(《给教师的建议》)

三　真正的教育开始于自我教育

每个人是他本人的最敏感、必不可少的医生。我在教育儿童、少年和男女青年时，深深地确信这一真理。(《公民的诞生》)

真正的教育开始于自我教育，而自我教育开始于儿童对人的道德高尚和伟大的向往。(《给教师的建议》)

一个少年，只有当他学会了不仅仔细地研究周围世界，而且仔细地研究自己本身的时候；只有当他不仅努力认识周围的事物和现象，而且努力认识自己的内心世界的时候；只有当他的精神力量用来使自己变得更好、更完善的时候，他才能成为一个真正的人。这里说的就是学生在精神生活的一切领域里的自我教育。(《给教师的建议》)

严格地说，自我教育就是从这里开始的：让一个人去关心另一个人，力求看到自己身上的好的东西在另一个人的身上表现出来。(《给教师的建议》)

我深信，只有能够激发学生去进行自我教育的教育，才是真正的教育。教给学生自我教育要比安排他怎样度过星期天困难得多，要比抓住他的手不放，直到他走出校门，一下子被摆脱了各种校规和限制的自由空气陶醉得不知所措，那要困难和复杂得多。(《给教师的建议》)

我坚定地相信，少年的自我教育是从读一本好书开始的……而如果在少年的精神生活里只有上课、听讲和单单为了识记而死抠书本，那么这种自我衡量、自我认识就是不可能的。(《给教师的建议》)

学校毕业后的教育主要是自我教育。只有当一个人在上学年代里就爱上书籍，学会从书籍里认识周围世界和认识自己的时候，他在毕业后的自我教育才有可能。(《给教师的建议》)

我坚定地相信，儿童在认识周围世界的同时，应当认识自己，应当充满一种深刻的自我肯定的感情。自我肯定是自我教育之母。自尊感是一个人的荣誉感、名誉感、健康的自爱心的最强大的源泉之一。(《给教师的建议》)

四　教师上好一堂课要做毕生的准备

课，就是教育思想的源泉；课，就是创造活动的源头，就是教育信念的萌发园地。(《和青年校长的谈话》)

我认为课堂上最重要的教育目的，就在于去点燃孩子们渴望知识的火花。(《怎样培养真正的人》)

课堂是一个人感到追求成为思想家的第一个摇篮。(《怎样培养真正的人》)

教师上好一堂课要做毕生的准备。(《和青年校长的谈话》)

上课,这是儿童和教师的共同劳动,这种劳动的成功首先是由师生间的相互关系来决定的。(《教育的艺术》)

让学生体验到一种自己在亲身参与掌握知识的情感,乃是唤起少年特有的对知识的兴趣的重要条件。(《给教师的建议》)

所谓课上得有趣,这就是说:学生带着一种高涨的、激动的情绪从事学习和思考,对面前展示的真理感到惊奇甚至震惊;学生在学习中意识和感觉到自己的智慧力量,体验到创造的欢乐,为人的智慧和意志的伟大而感到骄傲。(《给教师的建议》)

学生的自由时间来自课堂:明智的、善于思考的教师能给学生赢得自由时间。(《给教师的建议》)

每天10至12个小时坐在那里读书、听讲、思考、记忆、回想、再现,以便能回答教师的问题,——这真是一种无法胜任的、使人精疲力竭的劳动,它归根结底将会摧残学生的体力和智力,使学生对知识产生冷淡的和漠不关心的态度,使得一个人只有学习,却没有智力生活。(《给教师的建议》)

所谓"在课堂上不浪费1分钟"、"没有一时一刻不在进行积极的脑力劳动",——可能在教育人这件精雕细刻的工作中,再没有比这种做法更为有害的了。教师在工作中抱定这样的宗旨,那就简直意味着要把儿童的

精力全部榨出来。在上完这种"高效率的"课以后，儿童回到家里已经疲惫不堪了。(《给教师的建议》)

我在学校里工作了35年，而直到20年前我才明白，在课堂上要做两件事：第一，要教给学生一定范围的知识；第二，要使学生变得越来越聪明。如果达不到这两件事的和谐，就会使学生的学习变成一种苦役。(《给教师的建议》)

教室里一片寂静，学生都在聚精会神地进行紧张的思考。教师要珍视这样的时刻。课堂上应当经常出现这样的寂静。希望你们警惕，在课堂上不要总是教师在讲。这种做法不好。(《给教师的建议》)

教师的个人榜样在课堂上是非常重要的。(《给教师的建议》)

五　家庭是一个人应该学习做好事的起源之地

教育的完善，它的社会性的深化，不是意味着家庭的作用的减弱，而是意味着家庭的作用的加强。只有在这样的条件下才能实现和谐的全面发展：两个教育者——学校和家庭不仅要一致行动，向儿童提出同样的要求，而且要志同道合，抱着一致的信念，始终从同样的原则出发，无论在教育的目的上、过程上还是手段上，都不要发生分歧。(《给教师的建议》)

家庭是一个人应该学习做好事的起源之地。家庭每日、每时都在和学校集体的精神生活相接触；学校不能没有家庭的配合；学校里集体主义的道德文明在许多方面，就是开在家庭里的许多花朵的果实。(《培养集体的方法》)

学校里的一切问题都会在家庭里折射地反映出来;学校的复杂的教育过程中产生的一切困难的根源都可以追溯到家庭。人的全面发展取决于母亲和父亲在儿童面前是怎样的人,取决于儿童从父母的榜样中怎样认识人与人的关系和社会环境。(《给教师的建议》)

父母之间保持纯真、高尚的爱情,是使孩子们享有充满活力、健康情趣的生活的保证。无数事实都证明了这一点。(《爱情的教育》)

溺爱是家长和儿童关系上最可悲不过的东西。这是一种本能的、不理智的爱,有时简直可说是像母鸡的爱。母亲和父亲为儿童的每一举动都感到高兴,但却不考虑这是什么举动,会得到什么结果。受这种态度培养的儿童不会懂得,在人与人的共同生活中有"可以"、"不可以"、"应当"这一些概念。这种儿童觉得,对于他来说一切都是可以的。他变成了任性的、往往是近乎病态的人,生活中的少许困难,对于他都会成为无力承担的重负。用溺爱态度培养出来的人,是自私自利到所谓透顶了的人。(《给教师的建议》)

要告诉家长还应该当心另一种不理智的、本能的爱。这就是暴君式的爱。这种爱的根子,是有些家长既自私自利,又不文明。他们对待自己的孩子像对待物品一样:这是我的桌子,我想放到哪里,就放在哪里;这是我的女儿,我想说什么,就说什么,我想起了什么,就要求什么。(《给教师的建议》)

要尽可能少请家长们到学校来对孩子进行道德训斥,用父母的"强硬手腕"来吓唬儿子,说什么"如果再这样继续下去"是危险的来警告孩子。

而应尽可能多地让孩子同父母在精神上交往，这种交往能给母亲和父亲带来欢乐。(《怎样培养真正的人》)

请你这样告诉学生的家长："你们的孩子的智慧，取决于你们的智力兴趣，取决于书籍在家庭精神生活中占着怎样的地位。"(《给教师的建议》)

如果不提高整个农村学校，特别是农村家庭的文化和精神生活水平，那么农村学校要改进教学，提高知识质量，就简直是不可能的。(《给教师的建议》)

为了教育儿童，书籍在家庭的精神生活中应当占有重要的地位。(《给教师的建议》)

凡是道德修养好的、有自觉精神的劳动者，都是在对书籍抱着深刻尊重态度的家庭里长大的。(《给教师的建议》)

邱磊对话杜威

一个人的教育学

邱磊，江苏省南通市通州区金沙中学教师，区兼职地理教研员。中国教育报刊社特约评论员，《教师月刊》"2012年度教师"，《新校长》"2015年度星教师"，搜狐网"2015年度变革力教师"。近些年，以杜威和陶行知教育理论为基石，努力探索以"经验改造"为核心的教育实践，在《人民教育》《中国教育报》《江苏教育》等报刊发表了百余篇文章，主编出版《"偷师"杜威——开启教育智慧的12把钥匙》《杜威教育箴言》等图书。

我的经典阅读

一个人的教育学

各位老师，下午好！美国教育家杜威，在近现代教育史上有着非常重要的影响。他在1919年5月至1921年7月之间，来华讲学足足26个月，上海、北京、广州等一系列的大城市他都去过，对陶行知、晏阳初等人后来的乡村教育改革和建设都产生了重要的影响。我们今天可以通过他来了解全世界，尤其是20世纪以来的教育趋向及其对中国本土教育改造的影响。我想，这对大家的工作、学习和思考都会有很大的启示。

实用主义的先驱者

今天我讲的题目是《一个人的教育学》。这个名字可能稍微有点学术化，实际上讲的就是个人立场下的教育见解，是有规律、有现象、有过程的一个总结。每个人都应该有自己的教育学，每个人都应该有自己的教育信仰。我们今天学习这些大师、贤者，并不是真的只走他们的道路，重复他们的过程；我们今天的仰望，是希望明天可以俯身——既要有仰望星空的情怀，也要有脚踏大地的实践路程。不要去崇拜一个人，不管是杜威还是谁，我们只是从他那里得到一些教育的启示，得到一些心灵生长的营养，毕竟他得到了系统的学术训练，形成了完整的西方哲学观和心理观。同时，他又对我们东方的教育文化及教育现状，有着深刻的理解。所以，我们今天纪念，是为了明天忘却；我们不断地珍惜他、怀念他，是因为我们今天还缺某些东西，还没有完全改善。

我个人将杜威的成长分成四个阶段。他是1859年出生的——这一年犹如某种"伏笔"，因为达尔文的《物种起源》也在该年发表，而这部书后来影响了杜威一生。1884年之前，他一直在自己出生的小镇上读小学和中学，但不是绝顶聪明的类型，只是一直很用功，没有很多挫折。这是第一阶段。

第二阶段是1884年到1894年，这十年他相继在密歇根大学和明尼苏达大学任教，专心研究了哲学和心理学。这是很重要的一个背景，如果你纯粹地去读教育学，是不好读的，因为别人在书里讲的话会影响你。两千年之前孔子的《论语》，包括现在中西方的一些著作，你要想读，就必须要有一些自己的视角，这个视角是什么，就是哲学，还有心理学。

第三阶段是1896到1904年，这是"实验的八年"，也是决定他一辈子做教育的八年。这期间，他租赁了芝加哥大学的场地，整合了那里的资源，创办了芝加哥大学实验学校（通称杜威大学），经过数年的运作而取得丰硕的成果。后来因为与校方有某些产权上的矛盾而终止。

最后一个阶段，即从1889年到1952年，这个漫长的岁月里他一直在做教育研究，并印证和充实自己的哲学观。

我们要注意，西方人做事，多不是关注事情本身，其背后多有支撑。杜威的教育探索之后，就有一套哲学思想在那里，也就是实用主义。有一个案例：他曾经讲到过"木工的制作"。从丈量木材开始，就要涉及几何学，接着运输、成本规划、销售，涉及经济学。而杠杆原理、燃烧又涉及物理、化学，甚至更延伸一下，木材的生长必然与当地的土壤、水源、气候有关，这里又谈到地理学。所以，在一件看似平常的"实事"中，杜威已经将学科知识有机整合。

不仅如此，这种"整合"的背后，就有一种身临其境、躬身力行的实验精神在。这也是实用主义的表现所在。所有学生的事情，所有重要的事情，杜威都会去做一遍，这就是他实验的规则。他和小孩一起在学校里面煎鸡蛋，一点点观察，鸡蛋从液体的状态慢慢地固化，然后一起谈论各自的观察。他不会说这个东西是化学，这个东西是数学，这个东西是物理，而是完全在潜移默化中做一件事情。他不只是以前人的学习和经验来教学，相反，他把所有的学科知识全都融在理念之中，所以他的观念特别具有代表性。

我们现在有很多的实验学校，如实验幼儿园、实验小学、实验初中、实验高中等，与杜威的"实验"相比完全不是一回事。我们的实验学校成绩好，都是排在最前面的。要进学校，有些也需要花钱，需要找人。那什么是实验学校？实验的精神又是什么？用杜威的中国弟子胡适的话说，就是"大胆假设，小心求证"。这一精神，其实就蕴含在杜威的"思维五步法"中——从开始怀疑，到提出假设，到用实验验证自己的判断，再到新的假设、新的实验、新的验证，以此螺旋上升，不断地逼近事情的真相。

可惜这种实验精神，我们已经缺失很久了。我们中国人的文化里，有一个"信"字，孔子就说"人而无信，不知其可"，老子也讲"信言不美，美言不信"。但这个"信"却很少有实证性，而如果在前面加个"迷"字，就成为"迷信"。如果你想做成一些事情的话，光"信"是没有用的，因为你走了很久后可能会发现，起点根本就是错的。我们很多老师可能到退休的时候，都不太容易知道自己笃信的东西到底能不能接受事实的考验。这一点杜威和我们截然不同。他在 38 岁的时候，就写了一个很短的文章，叫《我的教育信条》，并用一生的"实用"来践行自己的"主义"。陶行知（其学生）也曾模仿他，写《我们的信条》，他当时做的正是一个实验学校。

西方的信仰，主要是基督教精神。从基督教开始，有很多的分支，天主教、天教、新教等等，他们的信仰是什么，就是觉得自己是上帝的子民，自己做的一切是为了上帝的荣耀。我们现在做科学实践，谈"实用主义"，很多人以为是空的、虚幻的，但杜威的信仰的确是"做"出来的。很多人觉得研究物理，是为了证明科学的伟大，实际上你通过阅读会发现，完全不是这么回事。牛顿提出三大定律，他不是为了把上帝推翻的，而是为了证明创造这个世界规律的美妙性。在伽利略的时代，他的天文望远镜等观察设备都是由教会提供的，他从事观测星象、观测天体运行的事业，不是为了推翻上帝，而是用来证明上帝的伟大。这个信仰其实是最高的道德旗帜，按我们的话说，就是"举头三尺有神明"。而信心是建立在信仰的基础上，杜威对康德、对达尔文、对詹姆斯有着深刻的理解，他觉得自己能够实践出一种新教育来。

用很简单的语言表达，西方价值观可以浓缩为三个字：爱、望和信。爱就是关爱、博爱，这是基督教的基本主张。望就是希望，永远要有希望，我们看西方大片，尤其是灾难片，一开始大厦将倾、万劫不复，但最后都能走到有希望的地方。信是永远有信仰、有信念，这样心里就会有支撑，尤其在遭遇挫折的时候，觉得有人在眷顾你，鼓励你，推动你。

杜威的教育心理学，深受美国心理学家詹姆斯的影响。詹姆斯认为，我们感受事物的心灵不是凭空而来的，而是从动手的行为中得出的，没有"做"，是没有"知"的。我们需要思考一下：我们的信仰在哪儿，我们又相信什么？以杜威为例，他的主要贡献完全不是说出来的，实际上是做出来的。所以"教育家"这个词语很有意思，它从来不是理论家的代表，它是有思想、有实践、有经验的一个角色的代称。

但"实用主义"不是世俗化的"实礼主义"，相反，"务虚"（史铁生语）其实也是一个实用主义者的资质之一。湖南师范大学的刘铁芳先生说，我们对教育要有一些"形上的关怀"，这说的就是要有一些超脱物质层面的东西。有些看不到摸不着的东西，要相信它的存在，相信它对我们自身是有一定价值的。如果只相信摸得到、看得见、闻得到的东西，我们的认知就会受到限制。我们读一些中国的古典著作，比如《道德经》和《庄子》，看似极端"务虚"，但我们一个字一个字地读通它，会发现老人家的生活经验、生活阅历就在里面。我读书时常常会受感动，读书实际上就是让你在两三千年的历史里穿行，把历史中闪耀的那些星星摘下来。你如果见过最好的东西的话，你会把现在做的事情看得很淡，名利气不会看得太重。有一句话叫"曾经沧海难为水，除却巫山不是云"，非常有意境——你见过了那样的一个美景，见过了那样一个人，你就会觉得其他的事情都看不上了。

还原杜威

杜威，为什么会成为近现代以来之一大家？就我的归纳看，大致有这样几点：

一是用"建设"替代"不满"。今天看微信、微博，抨击我们教育现状的满地都是。有些专家会批评中国的现状，会很敏锐地指出无数问题，比如现在的有些教育法规不完善，或者应试之风日盛等等。最后很多人就会变成一个愤青。但杜威知道，没有建设力，什么都是空谈。在一定程度上，这个时代的批判家已经够多了，我们更需要建设者和改革者。在"五四"期间，在反对日本侵华的问题上，杜威都足够地表现出"壮怀激烈"，但在教育中，正如很多学者提到的那样，他奉行的是"从做中学"的实用主义。

二是学术背景深厚。杜威就有点像金庸小说里的大侠郭靖，但是资质比郭靖好得多。郭靖的师父起先是江南七怪，就是七个人一起教他，向每个人学一点还是不错的。后来又遇到了洪七公、黄药师等很多师父，每个人都愿意教他。我觉得这一点上我特别羡慕他,至少他有一种"好为人徒"的气质。杜威也一样,师源很深厚。当然不一定是直接去拜师,他在自己的经历中,早期非常相信康德,特别喜欢康德那一套唯心主义。他在大学里研究的也是康德。康德认为,这个世界是上帝创造的,这个世界中有你看得见的物象的层面,也有你看不见的规律;学者或者科学家的义务,就是把这些规律找到,如果你能把世界所有的规律都找到,那么世界是可以掌握的。杜威当初对此深信不已。

后来出现一个人,他就是达尔文。达尔文写《物种起源》的时候,觉得把上帝都得罪了,晚上常常会哭。他说"我不知道死后怎么面对上帝"。但他这本书彻底推翻了上帝造人的"共识",发现人不是上帝造出来的,而是一步一步从猿进化过来的。所以达尔文认为世界原来不是我们现在看到的样子,一千年前的世界和一千年后的世界,跟今天不是一个世界,世界是会变的。这一条完全冲击了康德的理念,康德说世界是固定的,可是达尔文说不是,人不是早就有的,人是进化过来的,其他事情也可以类推。可以说,达尔文的理论对杜威的心灵有着强烈的冲击。杜威虽然不研究生物,但他还是认同这个哲学观,他觉得"变化"是认识事物的最主要途径。那么怎么变呢?他觉得当然是要自己去体会,用行动去做、去感悟,才能知道事物实际的样子。

美国心理学家威廉·詹姆斯是杜威在心理学上的重要导师。我们所熟知的"播散一个行为,收获一个习惯;播散一种习惯,收获一种性格;播散一种性格,收获一种人生",就是原创自詹姆斯。在他的影响下,杜威一生重视从心理学的角度审视孩子的发展特质,以因"时"施教,因"需"施教,因"困"施教。

三是有精神支撑。其实不仅仅是杜威,大凡西方的大家,多是通过坚持做某些事情,来证明他们的信仰。这可能是整个西方哲学对我们价值观的冲击,我们都是讲物质、讲实际的——但又偏偏不是"凡是有助于生长的，就是实用的"杜威式实用主义。杜威形成了个人的教育体系，不管是理论体系，还是实践体系，一应俱全。我们今天要完成一个所谓个人的教育体系很难，毕竟资历和经历不够。那是不是可以有自己的价值主张？或者说得具体一点，就是在教育话语当中有没有自己的言语？我们需要有自己的主张。杜威是38岁的时候写教育信条，那么当你38岁的时候是不是有你的信条、信仰？他那时候虽然只写了六千字，却系统地说了我是怎么看教材的，我是怎么看学校的，我怎么看上课、课程的。他最后一句话说，"我相信教师是上帝真正的引路人。"——这套信仰支撑着他做的全部事情。

四是有科学的精神。科学精神表现为会质疑和实证，当你觉得一条路是对的，那么走的方式是什么，又能不能足够久地走下去？这就需要科学精神在背后支撑。杜威始终一面在批判和质疑欧洲古典的经院教学的弊端，一面又对实用主义教学的基本伦理、组织管理、交流对话、评价方式加以探索和改进。"坐而论道，不如起而行之"，这就是他在科学精神下实用主义的自然流露。

最后一个，就是有责任感和使命感。我们的"爱"其实有很多的"圈层"，小时候被教育爱就是爱祖国、爱社会主义，但我们真正需要首先爱的是谁？是你的家人。然后第二圈是爱你的亲戚、父母辈的人。再扩大一点，是你所在的社区或者家族族群。再大一点是地区，最后是国家。"爱"应该是这样的一种关系。我觉得责任感和使命感是使"爱"能够发生作用的根本。谈到这里，我们不妨说一说德国哲学家马克斯·韦伯写的一本书叫《新教伦理和资本主义精神》，我们传统的教育告诉我们资本主义是不好的，其实多看看你就会发现，资本主义是有情怀的。

我们发现，他们也主张多赚钱，但今天西方的很多大资本家，在他逝去的时候，并不会把钱留给自己的子孙，而是全部都捐出去。前段时间，比尔盖茨、索罗斯到中国来参加活动，要求中国企业家捐钱的时候，就非常尴尬。很多人觉得这是我辛辛苦苦挣来的，凭什么要捐给别人？但西方人就有这样的精神，所谓"挣钱"只是用来实现自我价值的，然后我要把钱再还给社会，为整个社会造福。他们不会留太多钱给自己的子孙。他们觉得如果小孩有能力的话，他自己会赚钱；如果没有能力，你给他再多钱也不够他用。因此，我们可以看到一些真正的资本主义精神。马克斯·韦伯觉得，一个人做的所有事情就是为了证明上帝的荣耀；然后再通过我个人价值的实现，表明我是其骄傲的"选民"。正是这种信仰支撑西方人一辈子，即使在他很有钱、很有成就、很有社会地位的时候，他也不会忘乎所以，而是继续做好自己的事情，有十足的社会责任感。

　　杜威为什么选择教育？我们知道，杜威开始时不是教育家，而是一个哲学家。他最早发表的作品都是跟哲学或是心理学有关系。那后来怎么会有半个多世纪在做教育的事情？其实，他正是基于自己对实用主义的使命感和责任感，他觉得自己有必要以"科学之匙"叩开孩子持续成长的大门。我们之前讲过的科学精神、实用主义精神，并不是让大家盲从杜威的东西，认为他都是对的，而是让大家独立思考什么是真的。在杜威看来，凡对生长有用的东西就是教育。如何对生长有用？他觉得关键词就是改造经验，就是一个人从出生到死亡的过程中的转变和成长。

　　中西方教育的一个通病，是教育中不引进"人"，而是引进工厂和零部件——你的面孔是什么样子，你的性格如何，你的兴趣又在哪儿，这些对"教育工厂"来说都不重要，重要的是你这双手，你把配件做好就OK了。这种情况，在今天的中国也是屡见不鲜的。很可悲的是，别人已经把现成的经验摆在那边了，我们却没有去学，而是把别人的错误拿来，一遍一遍地重复它。所以，从"改造社会"的层面上说，真正有意义、有价值的就是教育，就是把我们的小孩都培养起来。这正是杜威教育责任感的源头，他要促成社会和国家进步，让每一个人成为有独立性、有价值归属、有个性追求的"人"。

经验的秘密

在杜威教育思想的诸多关键词中,"经验"是难以绕开的。所谓的教育就是经验的改造,他的名言为"经验是重于泰山的一盎司",意思是说,只有你把有启悟、有体会的东西付诸实践,并经受实践检验的理论才是有价值、有生命力的。他甚至说:"只有当相继出现的经验彼此结合在一起的时候,才能存在充分完整的人格。只有建立起各种事物联结在一起的世界,才能形成完整的人格。"

这个"经验"不仅跟你的血肉之躯、你的行动、你的个人感受紧密相连,更与你理性"过滤"有关。这种"改造",就体现在对一般的感性认知予以理性分析,进而剔除错误的部分,留下合理的部分。传统的教育为什么不断地被批判?就是因为它完全脱离了经验。

"经验改造"的秘密究竟在哪里呢?或者说,我们应该怎样去认识,并帮助自己改善教育实践呢?

我们慢慢来剖析。首先,经验永远是立足当下的。古罗马有一位帝王哲学家叫马克·奥勒留,他在自己的著作《沉思录》中说,一个人不可能失去过去,也不可能失去未来,他唯一可以失去的就是现在,他也只拥有现在。我们经验就是这样的,它的"存在感"永远只是现在。今天很多家长总是在为小孩的未来考虑,喜欢给孩子灌输"少壮不努力,老大徒伤悲",甚至以"输在起跑线"上那一套来上紧箍咒。这些似是而非的现象,杜威统统反对——"把教育看作为将来做预备,错误不在强调为未来的需要做预备,而在把预备将来作为现在努力的主要动力。"退一步说,如果非要说"现在"在为"将来"做"预备",杜威也是这样表达的:"只有在每个现在的时刻里吸取每个现在的经验的全部意义,才能使我们为未来做好同样的事件做好预备。这是从长远看来具有重大意义的唯一的预备。"

于情于理，杜威都讲到了。

实际上，在孩子成长的过程中，有着无数的变量；孩子们本身也会不断生成、展现出许多新特质、新气象，这些都是老师和家长无法完全控制的。教育者唯一能够把握的就是现在。昨天，我还和一位老师谈到了关于小孩的教育问题。我们看幼儿园和小学的学生，聪明的孩子眼睛有神，会很亮，它会聚到一个点上。你看这个小孩眼睛转得很快，你就知道他是一个聪明的人。可是一个小孩很聪明，也未必就是一件好事情，多少会带来一些负面的问题。比如，如果他太过早慧的话，他会很轻易地得到很多东西，会觉得比别人强，自己获得种种资源和荣誉就是理所应当的，长大之后，其受挫力一般都比较差。再如他的心理，他可能不太看得起一般的人，也不太愿意努力——别人花一个小时思考数学题，他五分钟就搞定了，他天然有种优越感，所以他将来工作不太会努力，他甚至觉得"不努力"是自己聪明的一个标志，直到将来"泯然众人矣"。所以这种人与其说"受惠"于自己聪明，不如说是一辈子"受累"于此。如果从更长远的角度说，聪明的孩子虽开慧早，却也更容易早衰，所以不要过度用脑，尤其是不要长时间熬通宵地"烧脑"。"塞翁失马，焉知非福"，"福兮祸所伏，祸兮福所倚"，很多事情我们是不能掌握的，只要孩子快乐、健康就可以了。他们将来做个很普通的人，不要跟别人争名夺利，不要做"人上人"，这就很好。

另外一个案例就是学步车。小孩不会走路，用这个帮助他走路。可是事实证明，用学步车反而会延迟他学会走路，因为他过早地依赖它，失去了自主的独立性。其实成人世界也是一模一样——教育行政部门发了很多的文件禁止补课，抓到了就罚或者给举报者奖励。但真的禁得了吗？禁不了，只不过人家从明面转向地下而已。我们看到就是教育行政部门发这个文件，初衷是想解决问题，但发现问题是越解决越多，这就是凡事讲究"强控制"的苦果。

经验的第二个特性是流转不驻。赫拉克利特说，人不能两次踏入同一条河流。水是流动的，即使你的脚站在同样一个地方，但是水已经不是那个水了。经验永远是在变化中的。杜威认为："我们并不生活在一个固定不变的和完结了的世界，而是生活在一个向前发展中的世界。"

孤立地去看孩子会非常可怕。爱因斯坦小时候由于反应比较慢，父亲向训导主任征求儿子将来做什么时，训导主任直接说："做什么都没关系，你儿子将来是一事无成的。"而达尔文呢？由于小时候喜欢打猎、养狗、抓老鼠，老师也认为他智力低下、表现平庸。类似的情况非常多，像钱锺书、大仲马、巴尔扎克等，老师都"看走了眼"。讲到这里，我想到杜威的中国学生陶行知的一句话："你的教鞭下有瓦特，你的冷眼里有牛顿，你的讥笑中有爱迪生。"是不是讲得很精准？

前段时间《济南时报》报道，有一个名叫梁小梅、年仅12岁的小女孩，家里进了贼，她非常害怕，就假装熟睡，贼偷了一些财物就走了，但也没伤害她。这事后来给老师知道了，非但没有肯定她，还讽刺道："当年董存瑞舍身炸碉堡，黄继光殒命堵枪眼，你怎么能吓得闭上眼睛呢？"但真的是这个道理吗，难道还有什么比生命更重要的？很可惜的是，这个孩子在巨大的思想压力下，喝农药自杀了。

所以在这一点上，我们老师也需要不断地反思。我们觉得"对"的东西是不是有问题？我们也要跟着"变"，要不断地自我砥砺和反省。江苏省特级教师凌宗伟是我的恩师，他年近花甲，但特别新潮，出了任何一个新的电子产品，他都研究得比我还早。他每次讲学的时候，都会有新的课题、新的闪光点出来。有些可能会很雷人、很颠覆，我觉得这都没关系，大家的生活经验不一样，可以有不同的立场，但是人到58岁，还坚持向前，去学习、去思考，这样的姿态是非常珍贵的。我想，我到58岁的时候，会不会也是这样？有的时候跟对一个人，跟对一个团队，跟对一个导师，真是人生最幸福的一件事情。因为你自己盲目地摸索，可能在错误的道路上，用错误的方式坚持了很多年，最后却虚度岁月，空无所得。

经验的第三个特性是勾连捭阖。这个我们可以从一首小令《天净沙·秋思》聊起。我们看到这首诗有一个很好的境界，不断地呈现不同的景色，每个景色没有说什么东西，只告诉我们这是枯藤，这是老树，这是昏鸦……这在电影中属于"蒙太奇"，几个不相关的场面放在一起，就会有自己的意思在里面了。这就是显示我们东方人智慧的一个特点。这首诗呈现一张一张的画面，没有任何连接的词汇，没有任何形容词，没有任何介词，但是特别美。学英语你会发现英语的语法很让人头疼，西方的文字是拼出来的，一些字母组合起来是一个单词，单词和单词之间必须要通过语法构成句子。如果没有语法，他们就没有办法说话。这就是逻辑强迫症。他们很相信逻辑，万事都要推出逻辑。而我们的文字是象形字，一个字就是一幅画，然后不同的字放在一起组成一个画面讲究的是顿悟，不太讲实际的这种勾连。这种画面的跳跃使东方人有时候会比西方人想得更深远一些，相对而言西方人就比较机械化。那么这个勾连纵横就是你有了当前的经验，你也知道经验会变，可是你还必须得把它们联系起来，不能孤立地看问题，如同一个小孩一个学生的成长，是有很多的阶段性。

杜威在《民主主义与教育》中举了神经学家H·H·唐纳森的一个例子，说小孩大脑的发育有这样简单的特点：它不是慢慢渐进、一步一步成熟的，它会在某些时候突然爆发式增长，又在很长的时间内似乎根本看不到生长，大脑发育的速度完全是因人而异的。所以杜威的主张是等待，等到孩子自己身处其境的时候，他自然会想明白世情人理。

在《我的教育信条》这本书里面，杜威讲了一个观点：在小学低年级时候，很多人让小孩们写正规的拼音字母，当然，在我国就是写汉字了——在"田"字格里面方方正正、横平竖直地写清楚汉字——这在心理学上说是有很大的问题的，因为一二年级的孩子手的发育还没有完全到位,他握笔都不是非常熟练,还要他精确地操控笔尖,然后形成周密地训练,这是对孩子身体发育的一种摧残。我们会经常表扬在"田"字格中写得很完美的一些孩子,但他(她)可能付出很多代价。说起来,我们做了太多反教育和伪科学的事情,想按照我们的意识把孩子培养成一个个模子,再把这些模子放到社会里去做螺丝钉。

经验的第四个特性是境中取精。明朝有个诗人叫朱允明,他有句诗叫"身与事接而境生,境与身接而情生"。可以说,"情境"两个字永远是我们在谈教育时不可脱离的背景。杜威上个世纪二十年代来华演讲时,曾专门提到:"准备生活的唯一途径就是进行社会生活,离开了任何直接的社会需要和动机,离开了任何现存的社会情境,要培养对社会有益和有用的习惯,是不折不扣地在岸上通过做动作教儿童游泳。"这里的"习惯",就是学生的一种经验表达。

教育家李吉林推动的"情境教育"很有名,我觉得那就是现实的范例。她讲的很多事情,比如说讲到野花,就带你到野外直接去看,这比千言万语都管用,然后再在现场的情景中,布置词语接龙、片段写作,效果非常好。还有一个民国时代的国学大师刘文典,他研究庄子颇有建树。有一次,他跟学生讲《月赋》,讲了一半突然留个悬念,说下面的内容要等到下周三晚上八点钟在操场上继续。学生纳闷不已,回头一查才知,那天是阴历的正月十五,如果天气好的话会有一轮很圆的月亮,在如此的情境中讲《月赋》,岂不美哉?

杜威的"改造主义"

刚才说了"经验",下面来说"改造"。其实,两者原本相通——"经验改造",本就是杜威思想的标志性词汇。所谓改造,按照杜威的观点,主要有两条路。第一条路叫尝试错误法。孩子在幼龄或处于低年级的时候,大部分都是用这个方法改造经验的。这个时候,由于没有储备,孩子多是在尝试、实验、错误中学习。这种方法的特点是效率不高,但易于操作、便于复制,尤其便于学校大面积的流水操作。我们看到,现今的题海战术、强记、抽背、默写等形式,从学术上说,都来源于此,也就是通过不断地训练,强化判断拼音、判断语法,以提高应试的得分率。

可是,这种方法的后果是什么?不难想象,教学会变得非常机械和教条,变得非常顽固和低智,几乎完全堕落成"操作术",而毫无生命的张力可言。这种尝试错误法的最后发展形态就是"标准答案崇拜"。标准答案既是教学的因,也是教学的果,并且其致命的唯一性排除了事物本有的多样性。

除了前面说过的尝试错误法,经验改造的第二种方式,叫反省性思维。杜威的另一本名著《我们怎样思维》,就集中讲这个问题。从思维的品质看反省性思维首先要培养你的怀疑能力。什么叫思维?杜威给的定义是:"思维是探究、调查、熟思、探索和钻研,以求发现新事物或对已知事物有新的理解,总之思维就是疑问。"我们判断一个事情的逻辑性关联,判定是"真"或"假",必须用到思维。可以说,只有在思维层面的改造,才是真正彻底的经验改造。

思维始于怀疑,笛卡尔式的怀疑主义对杜威也有影响。笛卡尔说:"除了我在思考这件事情,我几乎怀疑一切。"这种思维品质的宝贵之处,就在于凡事都要带一个问号,不断地反省、反思,问一问真假,辨一辨是非。杜威在《民主主义与教育》一书中,凝练出这种思维的五个特征:"(1)困惑、迷乱、怀疑。因为我们处在一个不完全的情境中,这种情境的全部性质尚未决定;(2)推测预料——对已知的要素进行试验性的解释,认为这些要素会产生某种结果;(3)审慎调查(考察、审查、探究、分析)一切可以考虑到的事情,解释和阐明手头的问题;(4)详细阐发试验性的假设,使假设更加精确,更加一致,以与范围较广的事实相符;(5)把所规划的假设作为行动的计划,应用到当前的事态中去,进行一些外部的行动,造成预期的结果,从而检验假设。"

　　反省性思维的建立,是对我们一般意义上经验的再确认和再建立,甚至可以说"改造"之魂就在于"反省"二字。我们对自己日常的每一个行为,教授的每一堂课,看的每一本书,都需要从"实证"的角度,不断提醒自己去伪存真、去粗取精。所以,今天演讲的题目——《一个人的教育学》,这"一个人"并不是指杜威,而是我们在座的、从事教育事业的每一个人。建立自己教育学的前提,就是认清教育的现状,学会用反省性思维改造自己的经验,让自己获得全新的看世界、看教育、看人生的角度,这恐怕是非常重要的一点。

　　下面简单说说反省性思维的五个步骤。第一步,要有一个真实的并能够令人有兴趣的情境。这一步,实际叩问了今天的课堂教学结构中的一环:设置情境。情境的话题,我们之前已经说过,不再赘述,这里所要谈的是关于"设置"的问题。我们在上公开课之前,很多老师都要讲设置情境,比如给学生听一段音乐或者放一段视频,之后才进入上课环节。那么,我们反省的就是,情境是不是可以拿来设置?"设置情境"这四个字的背后,究竟是什么意思?

　　实际上,这就是一个"设套"的过程,然后一步一步通过诱导,最后顺利将你引入彀中。所以很多人在课后总结时,会谈到"情境"设得不太好,学生没有按照预设"出牌"。这"罪"哪里在"情境"呢?分明只是一心想控制学生、操纵课堂而已。回过头来说,为什么杜威总是强调在学校开展金工、缝纫工、木工的活动?因为他认为这就是社会所需要的,也是最真实的。"情境"的重点不在于内容精彩与否,不在于设定精当与否,而是真实。

　　一群孩子只有在真实的场景中把木板凳修好了,他有关几何和物理的知识才算是他自己的。由此我们可以思考,可不可以更多地利用学校的资源？我们现在学校里物理、化学、生物的实验室，更多时候都是用来应付检查的。很多标本上落了很厚的灰尘，教师也很少会带孩子到实验室动手去实验一下。尤其是在中学里，我们看到的化学实验和物理实验，更多的是在黑板上画N个箭头告诉你怎么反应、怎么相互作用，接着再让学生去记录和复述。但学生若没有在一个真实（或尽可能真实）的环境里体验过，那后面四步就谈不上了，所谓的反省性思维也就成了一句空话。

第二个步和第三步，是在情境中发现一个有价值的问题，并提出解决方案。比如说我们造房子会发现木材的选料是个大问题，用料如何最省，制作如何牢靠，以及运输、涂料、雕饰等等，因为这都涉及成本，你必须精确地算好它。这样，你就自然地想到几何、物理、化学、经济等种种科目，直到发现最优化的解决方式并准备实施。爱因斯坦说，发现一个问题比解决一个问题更重要。诚哉斯言！

第四步和第五步是完善方案，并具体去做，去实现，予以验证。杜威强调："反省思维的含义在于，某事物的可信（或不可信）不是由于它本身的缘故，而是通过能作为证明、证据、证物、证件、依据等的其他事物来体现的，即是说，是信念的根据。"知识从"做"中来，我们之前也有所讨论，这里要强调的是"做"之目的——从杜威原话的发展来说，可以借英国哲学家波普尔的理论，而称之为"证伪"，这正是基于反省性思维来说的。

所有的科学知识和原理，都只在一定的范围内有效，当条件和范围变了，它就有某些被推翻、被证伪的可能性。如果你发现这个事情是完整的，是一个真理或是已经到头的结论，这个事情就完了，因为其不再具有发展的可能性。中国人其实都是明白这个道理的，曾国藩给自己的书房起名叫作"求缺斋"，即"日中则移，月满则亏"的意思，他就喜欢太过完美。从科学的历史上说，托勒密的"地心说"在四百年内几乎是"正确的"，但伽利略发现宇宙的中心不是地球，而提出了"日心说"。但这一"正确理论"只维持了两百年,人们就发现太阳也不是宇宙的中心。所以,当爱因斯坦提出"相对论"的时候,就谦虚地表示这只是一个过渡的理论,不是非常的完美。他知道这个东西可以证伪的,至少部分是可以被修正的。那我们也就应该想到,我们尽量不要对学生说得太完美,尽量不要说得太饱、太满。这既是一种科学精神,又是我们形成个人的教育学时所需要谨记的:教育从没有什么"一招鲜,吃遍天"的模式和神迹;有的,只是在否定之否定中的螺旋上升。

教材心理化

下面,我们再从"经验改造"转向,谈一谈杜威关于教材的观点。他认为,教材"如果不适合学生自身经验中已经激发起来的兴趣,或者不能引出具有某种意义的问题",便是"有百害而无一利的"。真正的教材需要深入反省性思维的过程,否则只是"妨害有效思维的障碍物"。

我们从杜威的观点中提炼,可以称之为"心理化",意思是贴近学生的心理发展的特点,贴近学生个体成长的经验。具体来说,可以分成这样三句话:不可说,一说皆错;不可分,一分即断;不可信,一信即假。这类似于禅宗里的话。我们一旦言说了、一旦分割了、一旦相信了,那么事情就落在地上,成了一个事实。人从出生到死,经验一直在发展,没有一个停留的时候,只有一个过渡的阶段。人是有可塑性的,他可能语文不好,但是他的数学好,或是其他的能力很强。所以,过早地给孩子"下定义",是需要慎之又慎的事。

我做学生的时候,对作文非常喜欢,写得还可以,但语文成绩不好。很多次语文老师都怪我说,你前面的成语、语法错得太多,你要不是作文好一点的话,分数会很难看。但我想一个人哪怕仅有作文好一点,就可以驾驭自己,发现自己的价值,那种享受感和存在感是别人无法体会的。实际上，我们若要找到一个人具有独特的、出彩的地方，有时候并不容易，但他至少会有独特的一面。所以，我坚持认为，"好教材一定要有妈妈的味道"。这个话意思是，这个世上只有妈妈最了解你，妈妈知道你心里想要什么。那么，真正的教材也应该为你而"私人定制"，教师应该下一番这样的功夫。

今天的教学为什么提倡小班化？因为当班里有60个人，你几乎就没有办法了解每个孩子的想法，他需要什么，他心理发展到什么阶段，他有什么困惑，教师很难都知道。只有小班化的变革，你才可能停下每日疲于奔命的匆匆脚步，细细观察和了解学生的渴求。所谓心理化的教材，其实都是假教师之手，为学生量身定做的。

杜威不断强调，"儿童的知识组成天然地表现为非结构化、非系统化，也不是科学的，他们只能以自己的认知能力为基础，凭着兴趣、经验、愿望，在个人身处的环境中感知世界、描绘世界、交互世界。"可以说，大到世界，小到教材，万事万物都是具有整体性的，不能随便切割，也是非结构化的。非结构化的意思是，它不是严密而分门别类的组织，而是浑然天成，比如数学、语文、政治等学科的分割，这都是人为的割断。两千多年前的老子劝导我们"希言自然"，就是说保持自然的状态为佳。今天割断的初衷，是为了专业化教学，便于施教。但其缺点，就如同给人一个个现成的框架一般，固化了人的思维，也窄化了人的成长空间。

美国内华达州曾在40年前遇到过一桩离奇的案子：一个名叫伊丽丝的3岁女孩告诉母亲，她认识礼物盒上的字母"O"。妈妈听后非常吃惊，询问后得知是幼儿园老师教的，竟一纸诉状将学校告上法庭。这一"奇葩"事件在国人眼里，孩子如此早慧，高兴还来不及，怎么会怪老师、怨学校？但这位母亲却说，孩子本可以把"O"想象成苹果、太阳、足球、鸟蛋之类的圆形物体，但自从老师教了26个英文字母之后，孩子对"O"的想象力就永远丧失了，她的思维也开始固化了。这位母亲在向陪审团阐述了自己上诉的理由时，说了这样一番发动人的话：

> 我曾在一个动物园看见两只天鹅，一只被剪去了半边翅膀，一只被圈养在很小的池塘里。询问缘故时，饲养员得意地透露：剪去翅膀，是为了破坏飞行平衡；池塘很小，是不给足滑翔路程——总之，是永远不让天鹅飞跑。当孩子失去了对世界的整体感知，失去了发挥想象力的机会，他们就如那天鹅，被人早早剪去了未来的翅膀，终身囚禁在这口名叫"字母"的池塘里。

杜威曾在演讲中提到："过去学习的教材是孤立的，就如同把知识放在不透水的互相隔开的船舱里一样。……这些知识仍然保存在原来存放它们的封闭的船舱里面。如果重新出现了和当初学习知识时同样的情境，那么，知识也可以回忆起来，并且也会是有用的。但是，这些知识在当初学习的时候是互相割裂开来的，因而，这些知识同其他经验并没有什么关联，所以在实际的生活情境中，这些知识便不能发挥效用了。"我们看到，教材的割裂性及其后果，在"经验改造"的视角下看来，已经再明显不过了。

另一方面，教材是不能简单相信纸面的结论的，而应来自于"从做中学"，所以叫"不可信，一信即假"，这在前面谈科学精神的时候我们说过。实践才是认知和学习之本。西方有一句谚语："听，你会忘记；看，你才能记住；做，你才能学会。"我们可以看到，民国时代的陶行知先生，他作为杜威的弟子，教育实践多少还是带有师父的影子的。他所教的东西，绝不是印在书上的，比如制造抽气筒、气压表、使用风水车等，非常具有实践性，所谓"纸上得来终觉浅，绝知此事要躬行"，说的就是这个道理。

在上述的教材观下，整个课堂也是"非教师中心化"的。举个例子，陶行知在当时社会师资稀缺、经费不足等情况下开创的"小先生制"，就极大地发挥了学生的作用。今天我们在课堂活动时，常常也让学生参与，甚至做主导者，但步子还不够大。我们知道，当学生讲课的时候，他们必须要有思路，必须要把很多的东西理明白，才能讲清楚，这对教育者和受教育者，都是不小的考验。

一个人的教育学

归根结底来说，杜威的教育学，就是基于实用主义理念的经验改造。"实用主义"的最简单定义，就是有用、有效的，并能推动生长的。但这个问题在今天产生了很大的负面效应，变成"实利主义"——凡是对我有利的，对我有帮助的，对我评职称有用的，我就做，否则一概拒绝。今天对杜威思想的误会，其实非常深。著名哲学家冯友兰先生曾在《三松堂自序》中说："实用主义的特点在于它的真理论。它的真理论实际是一种不可知论。它认为，认识来源于经验，人们所能认识的，只限于经验。至于经验的背后还有什么东西，那是不可知的，也不必问这个问题。这个问题是没有意义的。因为无论怎么说，人们总是不能走出经验范围之外而有什么认识。要解决这个问题，还得靠经验。所谓真理，无非就是对于经验的一种解释，对于复杂的经验解释得通。如果解释得通，它就是真理，是对于我们有用。有用就是真理。"

"有用就是真理"，但是这个"用"又不是单纯物质层面或利益层面。看看当下，我们现在的标语党太多了："只要学不死就往死里学"，"要成功，先发疯"，"提高一分，干掉千人"等等。可以说，"辛辛苦苦做罪人，起早贪黑干坏事"，正是我们很多教师的真实写照。这些误区，都是我们需要注意的。

实用主义大概有三个方向。一个是活动和兴趣。杜威特别强调在活动中进行，而不是按照书本的理论框架去上课，他选择在尊重儿童兴趣的前提下，在不同的活动知识的场景中开展教学。第二个是生活和经验。第三是个陪伴和等待。这里就不逐一展开了。

杜威有很多著作，如果大家有兴趣，可以看《我的教育信条》。我想如果大家要写一个《我的教育信条》，不用太长，几百、几千个字，都可以。然后，过了五年、十年后再看一看，有没有背离这个初衷。比如《民主主义与教育》这本举世闻名的著作，其提纲就是来自于杜威早期拟的《我的教育信条》。我们可以从中发现，杜威的教育思考和实践的过程，他的"大教育思维"，他的哲学思维，还有他的创造力思维等等，都来自于他个人的教育学。

因此，我以为，大家就可以尝试着形成个人的教育学——做一点有个性的事情，说一点跟别人不同的话，想一点不一样的道理——哪怕你只有一句话、一个发现是你自己的，我觉得这都很了不起。

简单地说，杜威的教育学就告诉我们这样三条：从教条到信条，从文本到生本，从识见到实践。我们在学习和感悟的同时，是不是可以这样畅想：将来有一天，等我们退休了，回头再来想想：我做的所有事是不是仅仅在机械重复,我的思想是不是仅仅是别人的"跑马场"?或者,换个方式表达,从一句话的凝练,到一段话的写作,再到一本书的形成……其实,这些都可以作为我们人生的一个方向。

只要我们愿意,我们每个人就可以有自己的教育学,我们的脚步也远远不仅仅止于这里。

好,我的发言就到这里,谢谢大家!

给杜威的一封信

谈谈"教育目的"

尊敬的杜威先生：

您好！

"教育，除了教育本身之外，再无其他目的"是您著名的"教育无目的论"。这一观念，虽过去了近一个世纪，但用现在的话说，却依然很"雷"，甚至引起了不小的争议。比如，有人说，教育若无目的，岂不就是盲目的吗？当然，也有人从您"教育即生长"的论述中，看出"无目的"的语意重心是关注儿童的持续生长。

现在，我从您的著作《民主主义与教育》中受到启发，想从一个全新的角度来思考您的命题——即"教育目的"一词，是动词而非名词，是过程而非结果。"目的"，从中文的词源上说，"目"即眼睛，"的"即箭靶的中心目标，两字相合，表示的是用眼睛瞄准，射中目标。从现代的词性角度看，这当然是个不折不扣的名词。但是在谈到教育目的时，如果将之看成是动词，那么，您的很多重要思想和理论就都可以得到很好的理解和阐述，而不至于被误读。

关于"教育目的动词化"的特点，我们当然可以有多种解读方式和角度。但为了强化与当下中国教育生态的对比，我想从"拨乱反正"的方面，和您做几点具体的讨论。

1. 非静止，非终点，非外部的强加

为什么要强调"教育目的"的动词观？因为您首先否定的，就是"静止"的观点。很多时候，我们常常有一个标准，比如，小学须进入多少名，中考须考进某某高中，高中须挤入某某名校，之后将如何如何，父母早就设计好了，子女所需做的不过是"执行"而已。这种静止评价式的教育目的，优点是显而易见的，比如，"步步为营"、保险系数较高、有一个诱人的名利金字塔尖等等。

但这些预先设好和"静止"的目标的后果却需要孩子一辈子去承担：第一，孩子自主的思考和创造力一步步被蚕食，除了学业上的"进步"，家长或老师很难有"吃惊"的时候，因为"按部就班"已成为他们的生命逻辑，他们受之浸毒得久了，反觉得这样蛮好，而且也乐于维持现状。第二，由于这种思想是唯结果论，所以过程就不再重要了。我们愿意牺牲掉孩子现在所拥有的东西（天真、想象力、创造力、果敢、率直、求真、向善、等天性或品质）来换取所谓的"人生幸福"。在唯结果论背景下，孩子的"当下"就不得不沦为附庸。第三，生命多样性的平衡被完全打破。本来孩子有可能是某方面的天才，但在预设好的教育目的中，凡是"无用"的东西都会遭到打压或舍弃。这样，也不管孩子适不适合，他从一开始就踏上了一条别人为他铺好的路，他需要不断地和自己的天性、潜能、爱好作斗争，让自己原本立体式的生命姿态渐渐压缩成某种扁平化、单一化的发展维度。

这究竟是在成全人、发展人，还是在扭曲人、禁锢人呢？我想，您的"无目的论"已经给了世人答案。

2. 非生而就有，非遥远，非抽象

您说，"所确定的目的必须是现有情况的产物。这个目的必须以对已在进行的事情的研究为依据，还应根据所处环境的各种力量和困难。"这种"动词观"放到教育中,也就是说其目标不是生而就有的,在对象不同、情况不同、环境不同的状态下,盲目制定所谓目的,不仅很难说可操作性如何,甚至对对象(学生)来说也可能是种戕害。进一步说,我们所制定的目的,绝非遥远的和抽象的,而是立足于当下环境之中,用一个个具体可见和贴合个性的阶段目标来渐渐达成教育的职责。谈到这里,我想到网上流传的一个小例子:

1984年,在东京国际马拉松邀请赛中,名不见经传的日本选手山田本一出人意料地夺得了世界冠军。两年后,他在意大利又获得了世界冠军。很多人好奇这个"小个子"选手究竟有什么制胜的秘诀,可山田本一却秘而不宣。直到十年后,山田本一退役了,这个谜才解开。他在自己的自传中是这么说的:"起初,我并不懂这样的道理,我把我的目标定在四十多公里外终点线上的那面旗帜上,结果我跑到十几公里时就疲惫不堪了,我被前面那段遥远的路程给吓倒了。后来,每次比赛之前,我都要乘车把比赛的线路仔细地看一遍,并把沿途比较醒目的标志画下来,比如第一个标志是银行,第二个标志是一棵大树,第三个标志是一座红房子⋯⋯这样一直画到赛程的终点。比赛开始后,我就以百米的速度奋力地向第一个目标冲去,等到达第一个目标后,我又以同样的速度向第二个目标冲去。四十多公里的赛程,就被我分解成这么十几个小目标轻松地跑完了。"

杜威先生,您可能已经看到,山田本一的所谓"目标"其实也没什么惊天的秘密,不过有两个特殊之处罢了:一是具体,而且是"跳一跳可以摘到桃子"的那种富有亲和力和执行力的具体;二是个性,他完全依照自己的意志和需要,立足实际,通过对目标化整为零、各个击破的方式来实现成功。所以,当我们的教育还在喊着"为了孩子的一切"时,不如放低身段,认真地问问孩子们:你们还需要什么?我们又能提供什么?

实际上,我们可以说,在对人生的规划上,坚持"志存高远",眼界高了,心气足了,自然就不会计较一时之得失;但在教育规划上,却要求低、求近、求实，甚至还得求慢。因为我们的确不能完全了解人的复杂性，不能预期我们所谓的"教育"在十年二十年之后，到底是毒品还是良药。所以，还是要回到具体的场景和具体的学情中来，制定一个可以陪孩子共同"成长"的"目标"，发挥共同的能动性，力将"活目标"进行到底。

简而言之，正是由于"目的"是变动不居的，是发自学生内部的，是具体的，是当下的，是灵活的，我们的教育才永葆了生命力。而您的"教育无目的论"所对应的，也并非我们想当然的"教育有目的论"，而是针对静止的、终极的、外界的、抽象的"有"而言。在您看来，如果非要给"教育目的"强加个明确的说法，那只能是"生长"（生命）和"发展"（经验），而始终身处"生活"之中的它们，本身又是没有穷尽的。

这就是我对您"教育无目的论"的理解。不当之处，还请您指正！

此致

敬礼！

您的忠实粉丝 邱磊
2016 年 3 月

杜威教育箴言

一　经验改造

如果我们采用与儿童获得最初经验尽可能相类似的方法来扩大儿童的经验，很显然，我们就可以大大提高我们的教学效果。我们都知道，儿童没有进学校以前所学的东西，没有一样不是与他的生活有直接的联系的。他怎样获得这种知识，这个问题为自然的学校教育方法提供了线索。这个答案就是，不是通过阅读书本或倾听关于火或食物性质的说明，而是自己烧了一下或自己吃东西，那就是做些事情。因此，现代的教师说，儿童应当在学校中做些事情。（《学校与社会》）

所谓教育目的，就是训练儿童使他们对于自己的能力、自己的环境能够运用得非常适当。（《杜威教育箴言》）

哪里的学校设置了实验室、车间和园地，哪里充分地运用了戏剧、游戏和运动，哪里就存在种种机会，使实际生活的景境重现于校园内，使学生求得知识和观念，并加以应用，使进步经验向前发展。（《民主主义与教育》）

二 从做中学

帮助别人,不是使接受者更加依赖别人的一种施舍形式,而仅仅是一种帮助,使被帮助者舒展力量,继续前进。(《学校与社会》)

学生一般没有他自己的主动性,结果使儿童胡乱摸索所要的东西,并使他们养成依赖别人提供线索的习惯。(《民主主义与教育》)

人们最初的知识,最能永久令人不忘的知识是关于"怎样做"的知识。(《民主主义与教育》)

教师的职务仅仅是依据较多的经验和较成熟的学识来决定怎样使儿童得到生活的训练。(《学校与社会》)

如果他不能筹划他自己解决问题的方法,自己寻找出路,他就学不到什么;即使他能背出一些正确答案,百分之百正确,他还是学不到什么。(《民主主义与教育》)

三 教育即生活

"生活"包括习惯、制度、信仰、胜利和失败、休闲和工作。努力使自己继续不断地生存,这就是生活的本性。(《民主主义与教育》)

人生来不仅不了解、而且十分不关心社会群体的目的和习惯,必须使他们认识它们,主动地感兴趣。教育,只有教育能弥补这个缺陷。(《民主

主义与教育》）

如果从儿童身上舍去社会的因素，我们便只剩下一个抽象的东西；如果我们从社会方面舍去个人因素，我们便只剩下一个死板的没有生命力的集体。（《学校与社会》）

只要把学校和生活联系起来，那么一切的学科就必然地相互联系起来。（《杜威教育论著选》）

共同生活过程本身也具有教育作用。这种共同生活，扩大并启迪经验；刺激并丰富想象；对言论和思想的正确性和生动性担负责任。（《民主主义与教育》）

对未开化的人来说，尝试就是碰运气，而不是尝试他的观念。与此相反，科学的实验方法乃是观念的试验。（《民主主义与教育》）

四 学校与社会

我们应引进更生动的、富于表情的和自我指导的各种因素……使得每个学校都成为一种雏形的社会生活，以反映社会生活的各种类型的作业进行活动，并充满着艺术、历史和科学的精神。（《学校与社会》）

目前学校可悲的弱点在于，它所致力的是在社会精神的条件显然十分缺乏的情况下培养社会秩序的未来成员。（《学校与社会》）

教师们喜欢说："你们记得上星期我们从书本中学到的东西吗？"而不

是说："你们不记得曾看过或听过这样那样的事吗？"其结果是，儿童形成了孤立的、独立的学校知识系统，它静止地盖在日常生活经验的上面，使日常生活经验变得阴暗无光，而不能得到扩大和改善。(《我们怎样思维》)

学校科目过分复杂，课程和功课过分拥塞，所产生的最永久的恶果并不是随之而来的忧心忡忡、神经紧张和肤浅的理解（尽管这些后果是严重的），而在于不能使学生理解真正认识一件事和真正相信一件事的含义。(《学校与社会》)

五　儿童中心

儿童世界的主要特征，不是什么与外界事物相符合这个意义上的真理，而是感情和同情。(《学校与社会》)

把事物归了类，并不是儿童经验的事情；事物不是分门别类地呈现出来的。感情上的生动的联系和活动的联结，把儿童亲身的各种经验综合在一起。(《杜威教育箴言》)

进入儿童的现在经验里的事实和真理和包含在各门科目的事实和真理，是一个现实的起点和终点。(《学校与社会》)

我们由于给儿童太突然地提供了许多与这种社会生活无关的专门科目，如读、写和地理等，而违反了儿童的天性，且使最好的伦理效果变得困难了。因此，学校科目相互联系的真正中心，不是科学，不是文学，不是历史，不是地理，而是儿童本身的社会活动。(《学校与社会》)

六　实用主义

各门学科即是一个人扩充经验界限的工具。日光，风，溪流，商业，政治关系，它们从远处来，把思想引向远处去。追踪它们前进的路程，就是扩充心智。而这种扩充的方法，不是通过用附加的知识去充塞头脑，而是通过对从前视为当然的东西的意义进行改造。(《民主主义与教育》)

人们最永久令人不忘的知识是关于"怎样做"的知识。(《民主主义与教育》)

发现和安排最有价值的作业，它们应是：(a) 最适合于儿童发展阶段的；(b) 为了准备行使成年人的社会职责，它们对未来的前途是最有希望的；(c) 同时，它们对形成敏锐的观察习惯和连续推理的习惯具有最大限度的影响力。(《我们怎样思维》)

七　道德教育

一切能发展有效地参与社会生活的能力的教育，都是道德的教育。(《民主主义与教育》)

教师对学生的道德生活的关心所采取的形式往往是警惕他不遵守学校的规则和常规。从这时儿童发展的立场来判断，这些规章都多少是传统的、专横的。(《学校与社会》)

对儿童的培养要能培养他的自制，使他能照管自己；使他能不仅适应正在发生的变化，而是有能力去形成变化，指导变化。(《学校与社会》)

教育必须使每个人懂得，不妨碍他人和在某种程度上积极尊重他们的利益，这是谋求自身幸福的可靠保证所必须的。(《民主主义与教育》)

所谓德行，就是说一个人能够通过在人生一切职务中和别人的交往，使自己充分地、适当地成为他所能形成的人。(《民主主义与教育》)

对于从生活的一切接触中学习感到兴趣，就是根本的道德兴趣。(《民主主义与教育》)

八　教育无目的

教育是自治的，应该自由决定其目的。绝非教育者能独立而勇敢地主张教育的目的是在教育进行过程中缓慢形成和实行的，否则他们不会知道自己的实际作用，别人更不会重视他们的工作，因为——连他们自己都不重视自己在社会中的地位和意义。(《杜威教育箴言》)

如果学生的每一个行动大概都由教师命令，他的许多行动的唯一顺序来自功课指定和由别人给予指示，要谈什么教育目的，就是废话。(《民主主义与教育》)

学生唯一的问题是为了学校的目的，为了背书和升级，才去学习这个奇异世界的构成部分。在今天大多数人看来，知识一词的最显著含义不过是指别人所确定的许多事实和真理；就是在图书馆书架上一排排地图、百

科全书、历史、传记、游记、科学论文里面的材料。(《民主主义与教育》)

任何目的，只要能时时刻刻帮助我们观察、选择和计划，使我们的活动得以顺利进行，这就是有价值的目的。(《民主主义与教育》)

九　教材心理化

形式地理解符号和反复记忆的兴趣，在许多学生中成为对现实的那种原始的、生动的兴趣的代替品，这一切都由于课程教材同个人的心理具体状况缺乏联系。(《学校与社会》)

教科书和教师互相竞争，把专家所坚决主张的分类教材提供给儿童。教材经过一些改变或修改，只是消除某些科学上的困难，而且一般地把它降低到更低的智力水平。我们没有把教材转化为生活的名词，而只是把它作为对儿童现在生活的一种代替品或一种外加的附属品直接提供出来。(《学校与社会》)

教材对儿童永远不是从外面灌进去。学习是主动的。它包含着心理的积极开展。它包括着从心理内部开始的有机的同化作用。毫不夸张地说，我们必须站在儿童的立场上，并且以儿童为自己的出发点。决定学习的质和量的是儿童，而不是教材。(《学校与社会》)

从教材的观点来看，严格的逻辑形式实际上是体现了专家、内行者所取得的结论。传统的教科书上的定义、划分、分类等是把专家们取得的各种结论加以浓缩提炼而写成的。一个人要想获得作出准确的定义、透彻的分类和完整的概括等能力，唯一的办法是根据自己现时的水平，进行灵活

而周密的思维。(《我们怎样思维》)

十　思维与教育

学习就是要学会思维。

所谓思维或反思，就是识别我们所尝试的事和所发生的结果之间的关系。(《民主主义与教育》)

教师愈是了解学生以往的经验，了解其希望、理想和主要的兴趣，就愈能更好地理解为使学生形成反省思维所需要加以指导和利用的各种工作动力。(《我们怎样思维》)

一般说来，教师必须搞清楚好奇心是什么，而不是盲目培养学生的好奇心。教师很难期望激发甚至增加学生的好奇心。(《我们怎样思维》)

我们并不生活在一个固定不变的和完结了的世界，而是生活在一个向前发展中的世界，在这个世界上，我们的主要任务是展望未来，而回顾过去——一切知识和思想不同，它是回顾过去的——它的价值在于使我们可靠地、安全地和有成效地去应付未来。(《民主主义与教育》)

我们能够向学生提供数以千计的现成的"观念"，而且的确这样做了；但是我们一般并没有尽很大努力使学生在有意义的情境中学习，在这种情境中，他自己的活动能产生观念，证实观念，坚守观念——即察觉到事物的意义或联系。(《民主主义与教育》)

十一　教育民主

一个进步的社会把个别差异视为珍宝,因为它在个别差异中找到它自己生长的手段。因此,一个民主的社会,必须和这种思想一致,在它们的各种教育措施中考虑到理智上的自由和各种才能和兴趣的作用。(《民主主义与教育》)

尊重个人自由和人类关系中的礼让和仁慈的原则,最终将使人们确信,这些原则同压制、强迫和暴力的方法相比,会有助于更多的人获得更好的经验。难道不是如此吗?我们相信,互相协商和通过说服而取得信任,比那些另外的办法,能够在任何广阔的范围内提供质量更好的经验,难道这不是我们有所选择的理由吗? (《经验与教育》)

在一个教师一手包办,学生只能倾听和回答问题的课堂中,允许儿童随自己的喜爱安排自己,走来走去或谈话,是不可思议的。只有当教师的作用改变为帮助者和观察者,每个儿童的发展就是目的,这样的自由才成为工作上必不可少的东西,就像在只许儿童背诵的环境下安静是必不可少的一样。(《学校与社会》)

为了创造一个民主社会,我们需要一种教育制度。在这种制度中,道德、智力发展的过程,在实践上和理论上乃是自由、独立的人从事探究的合作的相互作用的过程,这些人把过去的思想和继承的东西,无论从数量上和质量上,都作为进一步丰富生活的手段和方法,他们运用已获得的良好成就来发现和制造更美好的东西。(《杜威教育论著选》)

孙明云对话怀特海

生命·生活·生长

孙明云，厦门市海沧区教师进修学校校长，中学数学高级教师。近年来，致力于推动区域教师阅读，荣获中国教育报"2015年度推动读书十大人物"称号。在《福建基础教育研究》《基础教育研究》《教师月刊》《中国教育报》等报刊发表了《数学解题教学中思维能力培养》《论数学课程的人文价值》等文章，常年写教育日志，坚持在思考的状态中工作，在理性的探索中不断提升自我。

我的经典阅读

生命·生活·生长

各位老师好！很高兴能够和大家分享阅读教育经典的收获，今天我要和大家交流的是阅读《教育的目的》的所思所想。

《教育的目的》是英国数学家、哲学家、教育家怀特海关于教育的经典著述。

阿尔弗雷德·诺思·怀特海1861年2月15日出生于英国，早年就读并留校任教于剑桥大学，中年任职于伦敦大学和肯欣顿皇家科技学院，晚年受聘于美国哈佛大学，1947年12月30日病逝于美国。怀特海是享誉全球的数学家、逻辑学家、哲学家、教育理论家，留下了大量在不同领域有深远影响的著作。

《教育的目的》成书于1929年，除了发表于1916年的论文《教育的目的》之外，还包含了《教育的节奏》《自由和训练的节奏》《技术教育及其与科学文化的关系》等另外几篇不同时期相关教育演讲论文，这些论文虽各自独立，但又有着有机的内在关联，围绕教育的目的及其实现方式，形成一个完整的体系，系统论述了他对当时英国教育弊端的批评，阐发了自己的教育主张。《教育的目的》是怀特海的教育代表作，相比与怀特海在数学、哲学等领域的皇皇巨著，这本十多万字的书只能算是一本小书，但就这样一本小书,却足以奠定怀特海在教育学史上的地位,其每个篇章都是精品,可谓字字珠玑,博大精深,其中蕴含的深刻教育思想,即便在今天看来,仍然闪耀着不朽的智慧光芒。

茅于轼先生在《教育的目的》中文版推荐序中说道:"读了之后,感到它简直就是专门为当前的中国人写的。"我也有同样的感受,因为书中批评的教育问题正是中国教育当下普遍存在并且正在困扰着我们的问题,《教育的目的》似乎就是为解决中国当下教育问题所开的药方,这也正是经典之为经典的原因所在——经典具有穿越历史时空的力量。

那么,《教育的目的》告诉了我们什么?

生命——"人"是教育的根本目的

怀特海在本书的前言即开宗明义说:"学生是有血有肉的人,教育的目的是为了激发和引导他们的自我发展之路。"如何激发和引导学生的"自我发展之路"?前提是在教育者的眼中,学生是"有血有肉"的人,是有独立思想、独立人格、独特价值的人,教育者要看到一个个鲜活、具体、各不相同的"自我",每一个"自我"都是独一无二的生命存在,都是不可替代的,都有着不证自明的个体生存意义,都应该获得同样的呵护和尊重。忽略学生的个体差异,无视学生不同的发展可能和需求,漠视学生作为个体的权利,忽视学生心灵的自由生长,将儿童视为成人的准备阶段,视学生为服务未来社会的工具进行培养训练,将人的成长限制在一个逼仄的空间里,这是中国当代教育最大的问题。

1. 教育的根本目的是人,必需时刻警惕学校办学目标的异化

学校一切教育教学工作的出发点和立足点都应该是为了促进人的自我发展,学校的所谓荣誉、名气都应该是这个目的的衍生物,是水到渠成的副产品,尤其在许多学校将创建特色学校或者学校品牌建设作为一种发展

策略的当下，教育者更是要时刻谨记——"人"是教育的唯一目的。

就在不久前，我曾应邀参加某校的教学研讨会，参加这个会议的有学校领导和教师代表，会议集中研讨一个问题：学校近年在市区的学业水平监控中居于下游水平，是什么导致学生学业成绩滑坡？很多教师在会上都把问题的根源指向学校的社团活动，认为学校社团活跃，挤占了学生大量的学习时间，严重影响了学生正常的学业学习。一些老教师更是直接要求学校减少学生社团的数量和参与学生数，让学生把精力集中到学业学习上来。我很纳闷：学校有活跃的社团活动应该是件幸事，也说明学校重视学生全面自主发展，重视办学内涵提升，为什么会影响到学业呢？

一个青年教师的发言为我解开了疑惑。这位青年教师对学生社团持肯定态度，但她提出：学校不应该要求社团代表学校参加比赛活动都要获奖，甚至还要求拿大奖，导致社团指导老师给学生加压，甚至挪用正常教学时间组织学生训练，从而影响了学生的正常学习。原来如此！学校组织社团活动的初衷不是为了促进学生发展，而是将社团作为学校拿奖牌的敲门砖，作为学校办学政绩、提升知名度的工具！在这里，奖牌变成了目的，而"人的自我发展"不过是实现这个目的的副产品。"人"被功利化的办学目标遮蔽，被异化成了学校争名夺利的工具。正如怀特海所言："我实在信奉这样一条教育原理：在教学中，一旦你忘记你的学生是有血有肉的，那么你就会遭遇悲惨的失败。"我相信类似的事例并不鲜见。

学校应该是一个怎样的地方？学校应该是一个有"德性"的地方，这个"德性"正是建立在"人"之上。

有"德性"的学校将为学生提供最合适的教育视为天职，一切从学生的发展需要出发是学校坚定不移的办学理想。这样的学校一定会有符合人性的教育理念和办学目标，每个人都能在其中自由、快乐地成长。它尊重自己的每一个学生，尊重每个学生独特的个性和生命经历，尊重和包容不同的文化。在这里，不会有歧视，不会有粗暴的呵斥，不会有专制的规条,"尊重个性,崇尚民主"是它的灵魂,所有的教育都立足于尊重和平等,所有的教育都着眼于为孩子们的健康、和谐、全面发展奠定基础。在这样的学校,每个人都在体验成长的喜悦,每个人都会成长为立体的、现代的、丰富的、独立的真正的人。

这样的学校是师生终身的精神家园。这样的学校不一定是传统意义的名校,它也许只是偏远乡村的一幢孤立楼房,也许只是城市高楼包围中的一个狭小院落,它可能没有政策的偏爱和倾斜,也可能没有骄人的升学率。但是它一定有积极健康的精神,有宁静、自由、民主的空气,有痴迷于教育的教师,是师生"幸福的栖居地"。在这样的学校,每个人都能自由呼吸到新鲜的空气,都能舒畅地伸展身躯。经过这样学校的陶冶,虽然每个人内心都刻上影响他们终身发展的印记,但每个人仍是独具个性的个体,而不是整齐划一的产品。

2. 教育的根本目的是人,要防止教育的功利化,甚至将自然界"优胜劣汰"的丛林法则迁移到学校,过度强调竞争

曾听某名师讲述自己的一个教育案例——

初中毕业班的最后一节课上,老师问学生:大家知道世界上最高的山峰是什么山吗?学生齐答"珠穆朗玛峰"。老师又问:世界上第二高峰是什么山?学生面面相觑,鸦雀无声。于是,老师在黑板上用力写下:屈居第二与默默无闻毫无区别!随即宣布以此赠送学生作为临别赠言。班级里响起了热烈的掌声……

这样的教育让我感到潜藏着一种危险,我在当天的日记中写下了这几段话:

> 每个人都是独一无二的,从这个意义上来说,每个人都是第一!生命是独特而丰富的,充满着无限的发展可能,教育的责任是什么?是帮助每个生命寻找到属于他的发展方向,最大限度地让他认识自己

的潜能，引导他成为最好的自己，达到他人生所能达到的最大高度。"达到自己人生的可能高度"应该是教育所倡导的普遍的价值观，只要达到这个高度的人都可以自豪地说：我是第一！

"第一"通常是以某个标准来衡量的，比如"珠穆朗玛峰"高居第一的是其高度，以其高度来说，其他"山"硬要与之抗衡岂非不智之举？能够屈居第二，不是也很值得骄傲吗？何况，对于山何为第一，取其高，取其险，取其秀，取其美，答案自然是不同的。试问：天下最美的山是什么山？在网络上做一番调查，答案肯定也五花八门，各不相同。正所谓"各花入各眼"，对美的感受，与各人的阅历、爱好、观察角度、当下的心境等等都有关系，岂能有同一标准哉！

乐于追捧"第一"古已有之，状元披红游街"春风得意马蹄疾，一日看遍长安花"正是此种写照。当下中国教育亦如此，班级"第一"必倍受师生瞩目，年段第一必众星拱月，高考状元更是受到媒体、社会的热烈追捧，比之古人有过之而无不及，透着一种浓浓的功利和浮躁气息。这种"第一"，看的是"分数"，而忽视了品德、个性、特长、心理、能力等等对于人来说更为本质的东西。追捧所谓"第一"，让绝大多数的孩子生活在痛苦中，因为"第一"在某个特定范围、时间里只有一个。"第一"让多数的孩子永远都是失败者，永远无法体验到成功！盲目追求"第一"限制了孩子自由发展的多种可能，扼杀了一代代人的想象力和创造力。

人生有太多美好的东西值得我们去追求，何必一定要与人一较长短？做真实的自己，做最好的自己，做有价值的自己，享受生命带给我们的精彩、感动，让生命立体而丰满，何其快哉！

"屈"居第二、第三……又有何妨！

李政涛先生在其著作《教育常识》中写了这样一个故事：

日本小提琴家铃木镇一上小学时，日本的升学竞争很激烈，所有家长关心的是小孩的学习成绩。但铃木的父亲对他成绩要求却不高，每门功课只要60分就可以了，这让小铃木很是意外：

"60分怎么行啊？"

"60分怎么不行？"

父亲反问道。小铃木一时呆住了。

父亲接着说道："60分就代表及格了，及格了就表示合格。你想想，工厂的产品合格就出厂了，既然你已经合格了，儿子，你没有必要把全部的精力耗费在争名夺利上。考第二名非要争第一名，考九十多分非要争一百分，一次一百分不够，非要次次一百分。儿子啊，求知是人世间最大的欢乐，如果你成天想到的只是考试分数，那求知不就变成一种无尽的苦难吗？"

小铃木陡然觉得身轻如燕，兴奋起来了。但转念一想，不对，忍不住继续问道："这样学习太轻松了！空闲时间做什么呢？"

"你永远记住爸爸的话，其他时间用来博览群书，把求知的欢乐还给自己！"

相比于激励学生"屈居第二与默默无闻毫无区别"的教育，铃木镇一父亲的教育境界显然要高远得多，显得更有教育智慧，更饱含人性的深切关怀！

怀特海在书中写道："人的天性各不相同，有很大的差异性。有的人可以鸟瞰甚至融会贯通整个课程，而另一个人可能发现一些不相干例证。"他还强调："我相信，在教育中如果排除差异化，那就是在毁灭生活。"每个孩子都是独一无二的，其出生环境、天性、禀赋、兴趣等等都不相同，教育者的眼中如果没有这种差异，而用同一把尺、同一个标准去要求孩子，这无疑是一场灾难！叶圣陶先生引用吕叔湘先生的一句话表达了相同的意思:"教育应该是农业,而不是工业。"教育是农业,意味着教育的对象最初都是一粒粒种子,什么样的种子收获什么样的果实,这是不可改变的,正如每个人都有不同的天赋和秉性,都有最适合他的成长方向,教育需要做的不过是为他提供最合适成长的土壤,提供适时的培土、浇灌,尊重他的天性,顺应自然,帮助他发现自己、确立自己、发展自己。教育是农业还意味着,需要耐心,需要等待,不可拔苗助长,不可过度施肥,要懂得静待花开。

3.教育的根本目的是人,要自觉抵制体制性的伤害,学校和教师既不可被体制性的弊端裹挟,更不可成为推波助澜的帮凶

教育不可避免地要受到社会环境的制约,脱离社会大环境谈论教育,无助于解决教育问题。

什么是体制对教育带来的伤害?在我看来,中国教育积重难返问题的根源不在教育本身,而是在体制。所以无论课程改革怎样改,问题依然存在。当今社会呈现的是典型的金字塔形结构,作为金字塔底部的大量普通民众,生存的状况并不理想,房子、医疗、子女就学等等基本的生存条件都可以成为他们生活中的极大难题,一场大病对一个普通家庭来说可能就是灭顶之灾,更别说遇到意外事情时那种求告无门的绝望了。正因为这种社会阶层生存状况的巨大悬殊,使得所有人都希望自己能够挤入金字塔的上层,自己没希望了,就把希望寄托到下一代身上。对普通民众来说,下一代通往上层的通道,除了参加一次次的淘汰选拔考试之外基本别无他途!"教育改变命运"赋予教育太沉重的世俗性、功利性功能,所以高考虽然不是一种理想的人才选拔制度,但就中国目前的社会条件来说,却仍是比较公平、无法被替代的制度。当高考成为普通人改变命运、向上流通的唯一通道,当几乎所有的人都把改变命运的机会寄托于高考、把考名校作为教育成功的唯一标准时,教育无论发生怎样的畸形变异就一点都不奇怪了。

面对如此现状,教育是否就别无选择呢?

教育应该为人的未来负责,这是毫无疑义的。应试教育之所以大行其道,理由似乎也不例外:在现实下,只有让学生取得高考成功的教育,才是为人负责的教育!也正因为有这样堂而皇之的理由,打着"为了学生成功"的幌子,像河北某校这样的高考明星学校才能够有那样大的影响力,有那么多人追捧,哪怕屡传学生自杀也被选择性视而不见,且总有人为其备受诟病的教育方式辩护。然而,高考的成功真的就是教育的成功吗?这样的教育真是为人负责的教育吗?其实此类高考明星学校,采取的教育方法和手段并不新鲜,不过是严格的军事化管理加惩戒式教育而已。

这种教育古已有之,其中最著名的莫过于古代斯巴达的战士教育——贵族子弟从小就要被送到学校集中接受严格的军事化管理和教育,学校教育手段以严苛的"棍棒教育"而闻名,旨在培养纪律严明、英勇善战的战士。然而,具有讽刺意味的是,斯巴达的军队只要离开斯巴达地区,其军纪之败坏、将官士兵之腐化贪婪令人瞠目结舌,从小接受的"纪律"教育在他们身上踪迹难寻。残酷的棍棒教育成果,除了形成条件反射式的机械反应以外,还在受教育者的心中埋下一粒恨的种子,条件成熟时,这颗种子就会发芽,就会成长为一棵叫"补偿"的树,向世界疯狂地索取补偿。斯巴达的强制、惩戒教育还泯灭了人的独立思想和创新精神,这样极端专制化的教育无法培养出一流的人才,所以有历史学家评价说"斯巴达的教育是培养军士长的教育"。曾经强盛一时的斯巴达早被历史淘汰,但历史的回声仍在。

军事化式的学校教育,通过高密度高强度的训练、高威权的行为控制、高一致的思想麻醉,将人作为被动、单向接受知识的工具来训练,压榨人的潜能,短期内对提高应试成绩也许是高效的,但这样的培养模式,尤其是青春期前采用这样的教育方式,对受教育者而言,潜藏着巨大的危机。姑且不论在这些学校学习期间自杀或精神崩溃的学生,就是那些成功考上大学的孩子，我也有理由怀疑，一些人的心灵已经被扭曲，这从一些学生对该校的感恩言辞可以感受到。在他们看来，自己能够考上理想大学要归功于这样残酷的教育，他们不知道人还有更多更好的成长方式，不知道人生道路还很漫长，大学只不过是其中一个驿站而已，不知道自己的精神世界可能已经有了缺陷。机械的训练是培养不出真正有用人才的，对此，怀特海早有预见："如果你与那些从中学和大学出来的年轻人有较多接触的话，你很快就会注意到其中一些人心智的迟钝，显然，这些人所接受的所谓教育就是由那些沉闷无趣的知识所组成的。"这种"心智的迟钝"必将影响终身的发展。

考试、升学是教育无法回避的话题，但学校不能沦落为只考虑升学考试的培训机构。如果能时刻意识到教育对人的成长应该担负的责任和使命，学校教育就会有更宽广的视野和更博大的情怀。正如怀特海所说："如果一本书籍和一些讲座的目的，是要使学生能够记住所有在下次考试中可能会出现的问题，那么，这本书或是这些演讲就代表了这条邪恶之路。"教育要力戒简单的灌输和机械训练，怀特海始终坚持"发展的本能来自于自身：发现是由我们自己完成的，训练是自我训练，收获是我们自身首创精神的成果。教师有着双重的作用，他以自己的人格和个性使学生产生共鸣而激发出热情；同时创造出具有更广泛的知识、更坚定的目标的环境"。提升学生学业成绩，灌输、高强度训练并不是好的选择，教育应该致力于唤醒孩子内在的自我发展愿望，教学应该努力创造良好的情境引导孩子掌握科学的学习方法和思维方法。

张五常先生在《吾意独怜才》序中说，自己"近二十四岁念大一是让同学五年多，二十九岁在长滩做助理教授大约让两年，三十岁获加州最佳教授是追成平手，三十三岁在西雅图华大升为正教授是胜出好几年了"。正所谓"风物长宜放眼量"，孩子学业成绩好，未必就能力强；领先一步，未必就步步领先；学历高，也未必就成人成才。将"人"时刻放在心上，哪怕是在现实的重重包围中,哪怕是戴着脚镣跳舞,教师也可以努力让课堂灵动一点,让知识更生动一点,让思维更开放一点,让学生学得更活泼自主一点,努力消减体制带给教育、带给个人的伤害。南京师大附中的吴非(王栋生)老师在《致青年教师》一书中说:"教育应该培养学生高贵的气质,让学生从青少年时代,就有精神上的追求,有高尚的人生目的。他可以选择做一个普通的人,和芸芸众生一样,过普通的生活,但他的教养必须是这个社会上最优秀的。"如果我们每个人都怀着这样一种理想做教育,自觉抵制体制化的禁锢,不作"帮凶"。我相信总能消解一些大环境对教育带来的压迫,总能够作出更好的选择,减少对每个受教育者个体的伤害。

生活——教育的唯一主题

"教育只有一个主题——那就是多姿多彩的生活。"怀特海以不容置疑的语气做了这样的判断,他认为所有的教育只有和生活相联系时才是有意义的,一切的教育活动都应该围绕"生活"这一主题展开,生活是教育的灵魂。因此他在《教育的目的》中开篇即说道:"零零碎碎的信息或知识对文化毫无帮助,如果一个人仅仅是见多识广,那么他在上帝的世界里是最无用且无趣的。"附庸风雅者卖弄渊博的所谓"见多识广",在他看来是那样愚蠢可笑。生活是体现人类所有的日常活动和经历的总和,涵盖人的各种活动,包括日常生活行动、学习、工作、休闲、社交、娱乐等职业生活、个人生活、家庭生活和社会生活以及玩味生活。正是生活将人类联结在了一起,人类的一切活动最终都是为了让生活更加美好,生活赋予了人不同于动物的生命意义。在《更好地生活:尤利西斯的实践理性进化》一文中,怀特海指出:"理性的功能在于提高生活艺术",而"生活的艺术首先是活着,其次是以一种满意的方式活着,第三是在满意程度上获得增加"。在这里，生活是目的，但生活同时也是人类发展的动力源泉。这样，我们对怀特海的"教育只有一个主题就是生活"就有了更为深切的体悟。

1. 围绕"生活"这一主题，怀特海特别重视教育对精神生长的意义

怀特海强调："不能加以利用的知识是相对有害的。所谓知识的利用，我是指要把他和人类的感知、情感、欲望、希望，以及能调节思想的精神活动联系在一起，那才是我们的生活。"显然，怀特海"能够加以利用的知识"的观念不是实用主义的功利性利用，对物质世界和精神世界有用的知识都在其范畴内，关注精神生活，重视知识对人的精神塑造，是怀特海"有用知识"的一个重要方面。他说："我一直担忧，如果我们不能用新的方法来迎接新时代，维持和提升我国人民精神生活的水准，那么迟早，那些落空的愿望会转化为狂野的爆发，我们将重蹈俄国的覆辙。历史学家将为英国写下这样的墓志铭：英帝国的衰亡是由于其统治阶级精神上缺乏远见，由于他们单调的功利主义倾向，以及他们像法利赛人一样沉溺于渺小的治国之术造成的。"正因为如此，怀特海十分强调艺术教育的作用，认为"致力于发展一种纯粹的智力，必将导致巨大的失败"，告诫人们："艺术的全面繁荣是国家通往文明之路的首要行动。"指出："在精神生活中，如果你忽视像艺术这样的伟大因素的话，那么你肯定会蒙受若干损失。我们的审美情趣使我们对价值有生动的理解。如果你伤害了这种理解，你就会削弱整个精神领悟系统的力量。"强调："文化教育本质上应该是为了行动，应该使工人从盲目的辛苦劳顿中解脱出来。艺术的存在使我们感受这个世界的美妙，它丰富着我们的心灵。"对人精神生长和心灵世界的高度关注应该是教育的重要使命，是学校课程建设的重要内容，这样的教育观应该对改变我们教育重智轻德、重技能忽视心灵的倾向有深刻的启示。

"教育的现实性和实效性是不以人的意志为转移的，这使教育必须把注意力贯注在这些事情上——告诉学生一些观念并培养他们的能力，这些

观念和能力能使学生欣赏他们时代的主流思想。"怀特海强调课程（知识）应该能够帮助学生理解、立足、改造所处的现实世界，这也是对他在《教育的目的》中指出的"知识的唯一用途，就是武装我们的现在，没有比轻视现在对年轻人危害更大了。现在包涵了一切。现在是一个神圣的所在，因为它既联系着过去，又包含着未来"的一个呼应。这种认识与怀特海自身的受教育经历以及学术背景有关。怀特海通晓古典思想，曾宣称全部哲学史都不过是柏拉图的注脚，这显然对他的哲学思想有重大影响；他的历史知识十分广泛，在《观念的冒险》及其他类似著作中，他利用这一知识来说明他的一些哲学主张；他非常熟悉理论物理学，对牛顿和笛卡尔机械论宇宙观的批判，构成了他自己形而上学体系发展的土壤。在他看来，教育应该有助于受教育者正确理解和看待世界，帮助他们寻找适合自己的人生道路，从而过上有价值有意义的生活。

2. 围绕"生活"这一主题，怀特海强调课程应该删繁就简，突出课程的核心价值

为此，他要求在教育中要特别注意两条戒律："（一）不要同时教授太多科目；（二）如果要教，就一定要教得透彻。"因为"只给儿童教授一些少而精的科目，让他们对所学的东西进行自由的想象和组合，他们就会利用这些所学的知识去认识世界，并在现实中加以运用。学习伊始，孩子就应该感受到发现世界的喜悦，他会发现，他所学到的东西，能够帮助他理解在他的生命中所发生的一系列事情。"对此，怀特海借助数学课程做了详尽的阐述：

> 数学如果被用于普通教育中，它必须服从于一个严格的选择和适应过程。……当这门学科呈现在年幼的学生面前时，我们必须使他失去深奥性的方面。从表面上看，它必须直接又简单地处理一些具有广泛而深远的重要性的观念。

所有诱惑学生误入歧途的华丽都应该严格地排除。我们追求的目标是，学生应该获取对抽象思维的通晓理解，应该认识如何应用于特殊的具体环境，应该知道如何把一般方法应用于逻辑研究。抱着这种理想，便不会有比我们教科书毫无目的地增加定理更为恶劣的事情了，这些定理获得其地位仅仅是因为孩子有东西可学，考官也因此能设计巧妙的问题。

我们正确地设想的初等数学给予的就是普通的头脑能有的那种哲学训练。但是，我们不惜任何代价要避免的东西是对细节无目的的积累。你大可以采用你喜欢的事例，让孩子们花上几个学期或几年来钻研，但这些事例应该是对数学主要观念的直接阐明。用这种方式，并只有这样，我们才能避免数学那种有害的深奥性。

第三个阶段是对三角元素的学习。……函数最简单的性质只是一些需要三角解答的性质，以及作为结果的对于测量的应用。大量公式，通常就其本身而言是重要的，但对于这类学习完全是无用的，它们挤满了我们的书本，应该被严格地排除，除了它们能够作为教科书的直接例子而被学生证明之外。

在这些论述中，怀特海反复强调的是，数学课程的核心价值在于数学的思想方法及其对学生思维影响的价值，这些思想方法应该尽可能以简单、直接的形式展现出来，那些演绎技巧的华丽细节、由基本原理衍生出的繁杂定理都应该严格地被排除。只有删繁就简，突出数学学科的核心思想方法，才能够避免教学在一些无关紧要的细节上的纠缠，才可以给教与学的双方释放出大量的时间，从而带来教学的变化："如果我们一旦抛弃有害的填鸭式教学习惯，即，对学生满脑灌输一些他们不理解也绝不会去用的定理，那将会有充足的时间来把他们的注意力集中在一些真正重要的主题上。我们能使学生熟悉一些概念，而这些概念真正地影响了他们的思维。"反观我们的数学课程和教学，让人无比汗颜，我们的课程已经充斥着很多并无实际价值的繁难内容，可是我们数学老师还是经常感觉不够，还要不断地补充、再补充，我们的数学老师又有几个没有沉迷于技巧的炫耀中而不自知的经历？我依然记得，2001年基础教育新课程改革启动，根据新的《义务教育数学课程标准》，数学新教材删除了旧教材中的一些繁难的定理，我们在组织教材培训时，就有数学老师提出："某某定理删除了，那一章我还教什么？考试还怎么考？"这正如怀特海尖锐批评的："……这些定理获得其地位仅仅是因为孩子有东西可学，考官也因此能设计巧妙的问题。"

恰当确定教学内容，突出学科的本质和重要思想方法，给学生更多自主学习和反刍的时间，使学习真正转化为学生的思维能力和创造力，转化为学生的情感、态度、价值观，给学生留下终身的影响，的确是教育者应该认真思考的重大问题。

3. 围绕"生活"这一主题，怀特海认为学校课程应该是一个统一于生活的整体，学科之间应该相互包容或融合，反对科目之间相互对立

怀特海批评说："我们从来没有教过如何把各种知识综合起来运用。这样一系列的课程能代表生活吗？充其量不过是上帝在思考创造这个世界时在大脑中闪过的一个目录表，而他甚至还没有想好怎样才能把它们融为一体。"主张："根除科目之间毫无关联的状态，这种分崩离析的局面扼杀了现代课程的生动性。教育只有一个主题——那就是多姿多彩的生活。"

以技术教育、文学教育、科学教育为例，怀特海认为，在这三种课程中，每一门课程都应该包括另两门课程："教育的每一种形式都应该向

学生传授技术、科学、各种一般的知识概念和审美鉴赏力，学生所受到的任意一种训练，都必须与其他两方面的训练相得益彰。"同时，他认为对不同的学生而言，根据自己的兴趣、爱好，学习又应该有所侧重："即使是最有天赋的学生，由于人生时间有限，也不可能在每一方面都全面发展。因此，学习必须有所侧重。"也就是说，课程应该相互渗透、相互融合，同时课程的学习又应该充分尊重学生的个别需求。正是基于这样的认识，怀特海特别重视学校课程建设的自主性和独立性，指出："教育改革的第一要务是，学校必须作为一个独立的单位，必须有自己的经过批准的课程，这些课程应该根据学校自身需要由其自己的考试开放出来。""每所学校都必须有权考虑自身的特殊情况。为了某种目的把学校进行分类是可以的，但是绝对不要有僵硬的、未经学校自己的老师进行修正过的课程。"这样的课程观，对于学校三级课程体系的建设具有现实的指导意义。

4. 围绕"生活"这一主题，怀特海尤其重视"智慧"的生成，提出教育的"全部目的——就是使人具有活跃的智慧"

知识是智慧的基础，但获取了知识，却未必就能生成智慧，因为智慧高于知识。针对当时学校教育单纯重视学科知识传授的现象，他严厉地批评说："在古代的学校里，哲学家们渴望传授智慧，而在现代的大学里，我们卑微的目标却是教授各种科目。"有感于此，他提出了："知识贫乏的确不幸，但是无关紧要。知识的重要性在于它的运用，在于我们对它的能动的掌握——也就是说，在于智慧。"

怀特海认为，智慧是掌握知识的方法："它涉及知识的处理，确定有关问题时所需知识的选择，以及运用知识使我们的直觉经验更有价值。这种对知识的掌握就是智慧，是可以获得最本质的自由。"正是因为智慧不是知识的简单积累，不等于知识的叠加，怀特海特别反对照本宣科地传授"呆滞的思想"——那些仅仅被大脑所接收却没有经过实践或验证，或与其他东西进行融会贯通的知识。他反对填鸭式的灌输教学，认为："填鸭式灌输的知识、呆滞的思想不仅没有什么意义，往往极其有害——最大的悲哀莫过于最美好的东西遭到了侵蚀。"他提出："不能让知识僵化，而要让它生动活泼起来——这是所有教育的核心问题。""教育应该超越对他人思想的被动接受，必须加强创造力。"

教育要走上生成智慧之路，怀特海特别强调要重视一般原理的教学，而不应该将教学的重心放在具体琐碎的知识上，他说："不管你向学生灌输什么细节，在他以后的生活中遇到这个细节的机会微乎其微；就算他真的遇到了，他可能早已忘记了你教给他的东西。真正有用的教育是使学生透彻地理解一些一般原理，这些原理能够运用到各种不同的具体细节中去。"同时，要重视培养学生学习兴趣："没有兴趣就没有智力的发展，兴趣是注意和理解的先决条件。"而要激发学生的学习兴趣，最自然的方式就是快乐："我们应该寻求一种符合自然发展规律的模式，这种模式本身令人愉快，让人在自身的快乐中去追求并安排个性的发展。"智慧的生成，还应该给学生以学习的自主自由："通往智慧的唯一途径是在知识面前享有绝对的自由。"在教育的过程中，训练和自由是一体两面的，在教育的任何阶段，都不可能只有一者在发挥作用，但要处理好二者的关系："使训练成为自由选择的自发结果，自由则因训练而得到丰富的机会。"说到底，只有学生自主自由的发展才是学习走向智慧的正确通道："发展的本能来自于自身，发现是由我们自己完成的，训练是自我训练，收获是我们自身首创精神的成果。"

5.围绕"生活"这一主题，怀特海重视教师队伍建设，强调教师是理想教育不可或缺的要素之一

他认为，儿童的智力发展需要一种特殊的指引："毕竟，儿童是漫长文明史的继承者，让他在冰川时期的人类知识迷宫里游荡是很荒谬的。"这种"特殊的指引"就是教育。怀特海认为教育是一件复杂的实践活动，并对教师提出忠告："教育是一个复杂的课题，没有一个简单的公式可以

完全解决。""教育是教人们如何运用知识的艺术，这是一种很难掌握的艺术。"他认为人的大脑不是被动地接受知识，孩子的心智是一个不断发展的有机体，"并不是一个可以被人无情地塞满各种陌生概念的匣子"。因此他特别反对填鸭式、灌输式的教育："令人悲哀的是，在这个黄金时期的孩子们却不幸落在填鸭式教育的教师阴影中。"他还反对机械地反复练习："鉴于知识的能动性，教育中过分严格的训练是极其有害的。积极而富有创新精神的思维习惯，只有在充分自由的环境下才能产生。"他认为一个好的教师应该是有弹性的，能够根据学生和知识的特点来确定教学，"他十分清楚学生需要精确学习的知识范围，他不让学生记住一些不相关的次要的知识。成功的秘诀就是速度，速度的秘诀是专注。"教师还应该善于激发学生的学习热情，"他以自己的人格和个性，使学生产生共鸣而激发出热情。"

怀特海认为教师职业具有特殊性，对教师的管理不能用商业机构的管理方式，而应该给教师更多的自由和自主。他还反对用一种量化的方式来简单评价教师："在每一个教员群体中，你都会发现一些较为出色的老师不在发表论文或是著作的名单当中。他们需要和学生面对面，以讲座或个别交流的方式，来表达他们的创造性思想。这样的人对人类进步有无限的影响力；但是，当他们的学生一代过世后，他们长眠在那些无数的未被感谢的人类的恩人之中了。"因此，"最大的错误就在于——根据署名发表的作品来衡量一位教师的价值。"很遗憾，中国现在教师的评价还在犯这种"最大的错误"。

教育需要信仰，没有信仰就没有真正的教育。怀特海对教育充满着虔敬之心："教育的本质在于它那虔诚的宗教性。""宗教性的教育是谆谆教导我们要有责任感和敬畏感，责任来自于我们对事件发生过程的潜在的掌控能力。"教育不是万能的，但谁都无法否认教育具有巨大的解放和推动力量，它影响和塑造着年轻一代的成长，某种意义上决定着一个民族、一个国家的现在和未来,正因为如此,怎样估计教育的重要性都不过分。

怀特海"教育只有一个主题——那就是多姿多彩的生活"的论述,从学校文化、课程建设、课堂教学等等各方面都给了我们非常丰富深刻的启示,仅从学科教学上至少告诉我们:

1. 教学应该始终和生活相联系

学生是社会生活中鲜活的生命个体,走进校园,既应该是学生生命旅程中不可或缺的生活体验,同时也是为学生将来更好地适应社会生活做充分准备。教学应该始终关注学生的生活世界,面向社会生活实践。教师要将课堂教学与社会生活实践紧密联系起来,要尽可能打破学科之间的森严壁垒,以"生活"为纽带来联结学科,把学生的视野和心灵从课堂带到丰富多彩的现实世界中,让学生透过不同课程,感受到生活的气息,感受到知识的生成、发展与社会生活密不可分,感受到知识中凝结着人类筚路蓝缕一路走来的艰辛和伟大。在这样的学习中,学生不断追寻人生的意义,不断丰富自己的精神世界,思考并且能够逐步看清"我是谁"、"我要去哪里"等等关乎自己幸福的命题。

2. 教学应该始终关照生命生长

关照每个生命的成长始终应该是课堂的主旋律。教学,应该让每个孩子都能感受到来自教师和同伴的善意、尊重、信任,让每个孩子都能够自由地呼吸、舒展,让每个孩子都能够意识到对自己成长所负的责任。

当"关照生命"成为课堂的价值追求时,平等、尊重、民主的师生关系才能够确立,教师才能够真正蹲下身子和学生平等对话,才能够用儿童的眼光来看待儿童,才会接受错误是成长的阶梯,才愿意理解、宽容、体谅、等待。

当"关照生命"成为课堂的价值追求时,教师将不再把眼光仅仅盯着分数,不会把关爱的目光仅仅给少数的学习尖子。滋养生命、为每个生命的成长打好底色的教育理念，使教师能够站在更高的高度来审视教学，能够用更宽广的视野来对教学谋篇布局，从而使课堂更加有效、灵动、智慧。

当"关照生命"成为课堂的价值追求时，教育才可能走出浮躁和急功近利，教师才可能把眼光投注于孩子十年二十年甚至更长的未来，拔苗助长、强制灌输、唯分数论英雄等等一切非人性的、违反常识的教育行为才可能被逐渐克服。敬畏生命，守护生命，让每个生命在我们的目光里自然绽放。

3. 教学要始终致力于培养学生对学科的兴趣

热爱才具有持久的动力，才能够激发人的智慧和创造力。某位国际数学奥赛的奖牌得主对数学深恶痛绝，高考结束后蔚为壮观的焚书、撕书场面，无不折射出当下中国教育的一个隐患，学习可能仅仅是谋取功利的敲门砖，而与兴趣无关。甚至本来具有的对学习、对学科的潜在热爱，因为十几年的学校教育反而荡然无存，甚而恐惧！

成功的课堂教学，最重要的一个标志就是让孩子对学科怀有越来越浓厚的兴趣。兴趣是最好的老师，王栋生老师说："一名优秀的教师，他在教学中一定注意培养学生对学科的热爱——即使换了不熟悉的教师，即使所换的教师教学中存在这样那样的缺憾，学生仍然以高度的热情去学习，那才是真正的有效教学。"兴趣，不仅在当下能够促使孩子持久地热爱学习，更重要的是，它如同种在孩子心田的一粒种子，当这粒种子破土而出、生根发芽、含苞待放时，我们期待的大师才可能应运而生。

课堂教学致力于培养学生的学科兴趣，教师就必然地需要不断提升自己的专业水平，需要自觉地对学科怀有热爱和虔敬。因为这样的课堂绝不可能是"填鸭式"的刻板教学，绝不可能是从教材到教材的缺乏深度、厚度、广度的肤浅教学，绝不可能是按部就班、味同嚼蜡的无趣教学。这样的课堂，需要教师用自己对学科的热爱来点燃学生的兴趣。这样的课堂一定是充满激情的课堂，一定是多向互动的立体课堂，一定是让学生不断有疑问、有惊喜、有收获的课堂。

4. 教学应该始终重视学科核心素养

怀特海说："当你丢掉你的课本，烧掉你的听课笔记，忘掉你为了应付考试而背诵的细节，你的学习对你来说才是有用的。"有用的是什么？学科核心素养必然是其中之一。经常听到这样的话："我把以前学的东西都还给老师了。"是啊，在我们的脑海中，曾经学过的具体知识可能已经了无痕迹，但是某种思想方法和思维方式却早已浸入我们的血脉，在影响甚至主导着我们的人生。这些思想方法和思维方式来自哪里？就是学科素养！教学优劣的重要标志之一，就是你是仅仅教给了学生一大堆冷冰冰的知识，还是给了学生良好的学科素养。学科知识浩如烟海，而大道至简，蕴含学科中的思想方法、思维方式却往往深刻而质朴，这正是学科中最核心、最有价值的东西，是开启学科的钥匙，也是真正让人受益终生的东西。

教学关注学科核心素养，教师就不会把学生视为"知识的容器"，而会更加关注学科的美，更加注重学科的思想内涵，力图让学生充分了解知识的发生、发展过程，并更加关注思维图景的展现，给学生更多思考、质疑、批判的机会。关注学科素养的课堂，需要教师用自己深厚的专业素养来使之举重若轻、凝练深刻，需要教师用自己的智慧来为学生打开一扇一扇的窗。

5. 教学应该始终关注学习力的培养

"授之以鱼，不如授之以渔"，教是为了不教，让学生学会学习，亘古以来都是教育追求的一种理想效果。"学习力"应该包括两个层面的内容，首先应该是对学习的热爱，甚至将学习作为人生的一种习惯；其次是自我学习的能力，即掌握科学的学习方法，从而自如地运用网络、书籍等学习资源，在生活、工作中广泛吸纳学习。这就是怀特海反复强调的"自我发展才是最有价值的智力发展"。教育就是要推动每个人走上良好的终身自我发展之路。

关注学习力的培养，教师自然会力戒死记硬背的教学方法，教师就会更加重视学生的主动、自觉学习。在课堂教学中，就会启发诱导，更加重视学生的自主探究，更加重视过程和方法，激发学生主动思考，鼓励学生大胆质疑。正如蒙田所说："教师的权威大部分时间不利于学生的学习。"关注学习力的课堂，教师一定会把更多的学习主动权还给学生，教师不再是课堂的绝对权威，而只是"平等的首席"。

关注学习力的培养，教师就会小心翼翼地保护每个孩子的好奇心和想象力，让孩子始终对学习持有期待和热爱；更加重视让孩子对自己的学习负起责任，始终致力于让每个孩子了解并且确信学习是自己的需要；更加确切地了解每个孩子的成长步伐、需要的帮助都不相同，因而"善于屈尊俯就于孩子的步伐，并加以引导"（蒙田语），从而帮助孩子养成良好的学习方法和习惯。

生长——踩着学生智力发展的节奏

怀特海批判了传统的智力发展观念，即认为人的学习是一种匀速发展的、持续稳定的进程，形式不变，速度一致。这种观念建立在错误心理认识基础上，极大地妨碍了教育方法的有效性。怀特海认为，生命中存在着很微妙的涉及智力发展的周期，它们循环往复地出现，每一个循环期都各不相同，且每个循环期中又再生出附属的阶段，并不断地推进和叠加。怀特海将智力发展的这种周期性称之为"节奏"，每个周期都包含三个阶段：浪漫阶段、精确阶段和综合运用阶段。他认为，教育应该踩着这种"节奏"，在学生心智发展的不同阶段，采用不同的课程和不同的学习方式。怀特海关于"教育的节奏"的论述，是具有普遍意义的教育原则，对于帮助人健康发展、指导教师教学都具有重要的现实意义。

我们来梳理一下怀特海教育节奏观的主要内容：

1. 必要优先原则

通常人们都认为学习应该遵循"先易后难"的原则，在课程的编排上，一般来说也是较容易的科目和内容先于比较难的。怀特海认为这样的观念并不正确，他说："相反，有些最难的科目应该先学习，因为人的先天秉性如此，亦是生存所需，学会这些东西对生活非常重要。"比如，幼儿面对的第一个智力任务就是口语的掌握，这是一件非常艰难的任务，需要把声音和意思对应起来，需要对声音和意思进行分析，但幼儿都能水到渠成地学会，这种奇迹正是来源于幼儿生存和后续发展的需要，也说明了人的智力具有巨大的能动性和潜力。同样的道理，在有关学科顺序的先后上，也应该考虑到学生发展和后续学习的需要，采取"必要优先"原则。

2. 智力发展是一个"浪漫—精确—综合"循环上升的周期性过程

怀特海认为智力发展的浪漫、精确、综合运用这三个阶段构成一个循环周期，教育就是这些周期持续不断重复的过程，从一堂课、到一个学期、一个学段甚至于一生的学习，都是三个阶段不断交错重叠的过程，构成了大大小小的漩涡周期。

浪漫阶段是学习的开始阶段："在这一阶段，各种题材对孩子来说，新奇而生动，其本身亦包含着种种未经探索的可能联系，孩子们好像懵懵懂懂地面对若隐若现的大量内容，不知所措却又兴奋异常。这一阶段，知识不受系统程序的支配，这里所说的系统是为了特定的目的而逐渐建立起来的系统，这时孩子们处于对事实的直接认知中，只是偶尔对认识的事实进行系统化分析。浪漫的情感，主要表现为一种兴奋，这种兴奋是从我们所接触的单纯事实——由到开始认识事实间未经探索的关系的重要意义而带来的。"浪漫阶段的学习以感性、直觉为主,需要提供广博、生动、直观的学习资源,让学习者摄入丰富的知识营养。浪漫阶段要特别注意从孩子的热爱、兴趣出发,保护孩子的好奇心、想象力,发展孩子的创造力。

精确阶段是智力发展的第二个阶段,代表了知识的积累、补充和更加清晰、准确:"在这个发展阶段,知识之间的广泛关系居于次要地位,从属于系统阐述的准确性。这是文法和规则的阶段,包括语言的文法和科学的原理。……浪漫阶段的事实揭示了可能具有广泛意义的种种概念,而在精确阶段,我们按照条理化、系统化的方式,获得其他一些事实,从而对浪漫阶段的一般事实作出揭示和分析。"怀特海认为,浪漫兴趣的范围很大,且没有清晰的轮廓,不能用任何明确的界限来确定。但是,精确阶段的知识范围,可以而且必须进行明确界定,若将知识范围定得太宽,就会扼杀学生的学习兴趣,致使课程目标落空;若将范围定得太窄,学生就难以有效掌握知识。因此,对精确阶段的学习来说,明确学习的内容范围非常必要。值得注意的是,怀特海提醒在精确阶段并不是不需要浪漫了,浪漫只是退居到幕后,教学中仍需要在精确知识的学习中培养浪漫精神。

在经历的浪漫阶段的积累和精确阶段的系统准确学习后,智力发展进入到了综合运用阶段:"最后的综合运用阶段就是黑格尔所说的理论综合。这是在增加了分类概念和有关的技能之后重又回归浪漫。"综合运用阶段是智力发展的一个归属。

智力发展是"浪漫—精确—综合"三个阶段交替进行而又相互交织的过程。有人将"浪漫—精确—综合"与禅宗认识事物的三重境界相对应:浪漫阶段可以说是"看山是山,看水是水"阶段,是对大量事实的积累,是对事物整体朦胧、感性、具象的认识,这个阶段应该是感性、诗意、丰富的。精确阶段是"看山不是山,看水不是水"的阶段,是在浪漫阶段积累基础上，从特殊到一般，从具体到抽象，是一个解剖麻雀、看到本质和透彻理解一般性原理的学习过程。综合运用阶段则是"看山还是山，看水还是水"的阶段，回归浪漫，但又不同于浪漫，是从一般原理到具体运用的转变，到高妙处，应是"随心所欲从不逾矩"的境界。

3. 自由和训练的节奏：要在实践中发现自由和训练之间的那种确切的平衡，这种平衡能使求知获得最大的收获

怀特海提出自由和训练是教育的两个要素，他说："通往智慧的唯一途径是在知识面前享有绝对的自由；但是通过知识的唯一途径是在获取有条理的事实方面的训练。"良好的教育就是要把握好自由和训练的节奏，也就是调节好智力发展过程中自由和训练的关系。怀特海认为，教育的开始和结束阶段主要特征应该是自由，而在中间阶段自由则要退居次要地位，以训练为主要智力发展形式。这样一个"自由—训练—自由"的节奏正与"浪漫—精确—综合"三个阶段相对应。自由和训练不是绝对对立和割裂的，教育的任何阶段都不能没有训练和自由，但是在浪漫阶段，重点必须放在自由上面，要"允许儿童自己观察、自己行动"。而在精确阶段，自由则居于从属地位，训练占据主动，但即使是训练，怀特海也特别强调"自我训练"的重要意义，而这种自我训练，只有"通过充分享有自由才能获得"。到了综合运用阶段，智力发展将"脱离那种被训练的比较被动的状态，进入到积极主动运用知识的自由状态"。

怀特海根据其智力发展的节奏观，对从幼儿时期开始到青春期结束的大约17年时间的学习做了比较细致的规划。这些规划对我们把握教育规律，顺应孩子内心需求的召唤，促进人的健康和谐发展，具有非常深刻的现实指导意义：只有适应儿童智力发展的规律，才可能"在学生的心灵纺织出一幅和谐的图案，把对学生直观理解来说各有其内在价值的不同教学内容，调整到各个从属的循环周期中去。我们必须在合适的季节收获合适的作物"。

最后，我用怀特海的一段话来做结束："学生是有血有肉的人，教育的目的是为了激发和引导他们的自我发展之路。从这个意义上来说，我们也可以得出一个结论，那就是老师也必须有活跃的思想。"达人，必先立己，以此与各位老师共勉。

给怀特海的一封信

阅读让我们改变

尊敬的怀特海先生：

能够通过您的著作与您邂逅，聆听您的教诲，向您请教我所遇到的教育问题及困惑的良方，并从您的思想宝库中汲取智慧，深化我对教育本质的认识，坚定我行走在教育之路的信心和勇气，是我职业生涯中无比幸运的一件事情！谨此向您表达我无与伦比的崇敬和感激之情。

1988年，我从宁德师范专科学校毕业，分配在闽东的一所乡镇中学。因为所处的时代和地方所限，学校几无藏书，县里唯一的一家新华书店也难觅教育书籍，既无能相遇教育经典，自身也没有专业阅读的意识，所谓的教育阅读，除了有限的教育杂志，几为空白！缺少教育经典的滋养，教育教学凭借的只能是直觉和身边老教师传授的经验，凭的是自己的摸索和思考，就这样懵懵懂懂地从事了十多年教书和行政管理工作。这些年，当我在阅读中与越来越多的教育大家们相遇，对教育有了越来越多的思考和认识时，我内心就越是不安，越是为自己曾为人师却思想贫瘠而羞愧不已。阅读您的《教育的目的》时，我想起那些放学后被我留下来补课的孩子，想起那些做作业不认真而被我粗暴训斥的孩子……想到那些年被我以"爱"的名义不自觉中伤害的孩子一定有不少，内心就有一种深深的自责。

正如您所说:"在教育中如果排除差异化,那就是在毁灭生活。"我们明知学生兴趣、天赋、秉性各不相同,我们却还是用一样的内容、一样的教学方法期待每个人都能达到同样的高度,那岂不是天方夜谭!而当学生达不到我们的要求时,我们又用简单的补课、重复训练来促使他们提高成绩,本质上这与鸭子不愿意进食时饲养员捏着鸭脖子给它喂食又有何区别?这不正是您说的"令人悲哀的是,在这个黄金时期的孩子却不幸落在填鸭式教育的教师的阴影之下"吗?而我,一个自认为算是优秀的教师,也曾这样做过却不自知其恶,这多么可怕!

有几次和曾经的学生在一起,我试探着问:"老师的课堂教学你们还有什么印象吗?"竟然没有几个学生能够清晰记着课堂教学的片断,然而我不经意中的一些举动、一些话,他们却刻画在脑海中。有的学生说:"老师,我一直记得您在操场上弯腰捡起地上废纸片的身影。"也有学生说:"老师,我记得您经常傍晚时坐在学校花圃边看书,那时候觉得那是学校很美的一道风景。"还有个学生对我说:"老师,我记得初中毕业时,您在最后一节数学课快结束时,在黑板上画了一个铜钱说送给我们当作毕业礼物,我们问老师您是送钱给我们吗?您说老师当然希望你们有钱,但君子爱财取之有道,老师希望你们做个外圆内方的人,无论什么时候内心都要有原则、有底线、有坚持,威武不能屈,贫贱不能移!而与人相处,则要做个平顺、包容的人,学会与环境和人和谐共处,这么多年,我都是按照您说的来做的。"如此等等。为什么我花费了最多心血的课堂教学,学生没有留下太多印象,而我随性的一个举动、一段话却给了他们如此深刻的记忆呢?我想大概是因为我没有将教学与生活联系起来,它们不过是一些冰冷的知识而已,与考试有关,与他们的后续学习有关,但却与他们的精神生活和现实生活毫无关联!

正如您说的:"不能加以利用的知识是相当有害的。所谓知识的利用,我是指要把它和人类的感知、情感、欲望,以及能够调节思想的精神活动联系在一起，那才是我们的生活。"当教学沦落为僵化知识的传授与接收时，我们还能期待教学最终在孩子心中留下什么呢！课堂教学又能够给他们的生活带来多少有益的影响！而恰恰是我在知识教学之外的活动，对他们来说，却关乎生活，潜移默化地影响着他们做人做事的方式，所以在他们脑海中留下了深刻的记忆。

怀特海先生，我庆幸自己终能够与您相遇，在您博大精深的教育思想中呼吸，让我对教育的本质有了逐渐深入的认识。但我又不免时常遗憾没有更早与您相遇，假如在我从教之初就能与您相遇，让我能够时刻谨记并提醒自己"学生是有血有肉的人，教育的目的是为了激发和引导他们的自我发展之路"，能够早早知晓"教育只有一个主题——那就是多姿多彩的生活"之真谛，能够按照您的数学课程思想来设计改造课程，能够按照您的"自由与训练"节奏来安排教学，我该少走多少弯路，该少留下多少的遗憾啊！正因为如此，当我有机会和年轻的教师在一起交流时，我最乐意说的话题是，告诉他们一定要多读些好的教育书籍，尤其要亲近大师们的经典著述。

教育现实弊端丛丛，教育被世俗裹挟着随波逐流，缺少应有的独立和坚守，缺少信仰和终极关怀。今年离您发表《教育的目的》正好过去100年，但100年前您批评的教育问题似乎依然如是！教育之路何其艰难！我也不免在这条道路上时常迷茫和徘徨，但正如您所言："教育的本质在于它那虔诚的宗教性"，"宗教性的教育是谆谆教导我们要有责任感和敬畏感"。我坚信，无论教育有多少的问题存在，只要心存敬畏和责任，每个教育人都可以在有限的范围内作出最有利于孩子发展的选择，都可以为教育更美好尽份心力。阅读经典，与大师对话，才有可能一点一点地改变自己，从而一点一点地改变教育，改变社会。

您的英国乡亲温斯顿·丘吉尔先生有句名言："你回首看得越远，你向前也会看得越远。"但仅仅靠自己，无论回首还是向前看，却总是云遮雾罩，不知路在何方。当我遇到如您这样的教育大家，用心领悟前辈们的教诲，再回首看来路时，我才可能拨开迷雾，真正看清自己；我也才能真正看清前路的方向，看清前面遥远的那座高峰；我才有勇气，必须而且能够不断靠近。

期待着与您的每一次重逢！

您的学生：孙明云

2016 年 3 月

怀特海教育箴言

一 教育目的

学生是有血有肉的人,教育的目的是为了激发和引导他们的自我发展之路。(《教育的目的》)

我们的目标是,要塑造既有广泛的文化修养又在某个特殊方面有专业知识的人才,他们的专业知识可以给他们进步、腾飞的基础,而他们所具有的广泛的文化,使他们有哲学般的深邃,又有艺术般高雅。(《教育的目的》)

教育的问题是——如何让学生借助于树木来认识树林。(《教育的目的》)

教育所要传达的是对思想的力量、思想的美妙和思想的逻辑的一种深刻的认识,以及一种特殊的知识——这种知识与知识的习得者的生活有着特殊的关系。(《教育的目的》)

大学的功能在于使你能够摆脱细节而保留原理。(《教育的节奏》)

一所大学的理想,不是知识,而是力量。大学的职责就把一个孩子的知识转变为一个成人的力量。(《教育的节奏》)

在古代的学校里,哲学家们渴望传授智慧,而在现代的大学里,我们卑微的目标却是教授各种科目。(《自由和训练的节奏》)

虽然智力教育的一个主要目标是传授知识,但是智力教育还有另一个要素,模糊却伟大,而且更重要——古人称之为智慧。(《自由和训练的节奏》)

凡是不注重智力训练的民族是注定要灭亡的。(《教育的目的》)

教育的全部目的——就是使人具有活跃的智慧。(《自由和训练的节奏》)

在教学中,一旦你忘记了你的学生是有血有肉的,那么你就会遭遇悲惨的失败。(《技术教育及其与科学和文学的关系》)

二 教育本质

教育只有一个主题——那就是多姿多彩的生活。(《教育的目的》)

教育是有用的,因为去理解这个世界是有用的。(《教育的目的》)

知识的唯一用途,就是武装我们的现在,没有比轻视现在对年轻人的危害更大了。现在包涵了一切。现在是一个神圣的所在,因为它既联系着过去,又包含着未来。(《教育的目的》)

不能加以利用的知识是有害的。所谓知识的利用，我是指要把它和人类的感知、情感、欲望、希望，以及能调节思想的精神活动联系在一起，那才是我们的生活。(《教育的目的》)

生活与所有智力或情感认知能力的某种基本特征存在的关系，如果你不能成功地展示出这种存在着的关系，那么，你就不可能把生活嵌入到任何普通教育的计划中。(《教育的目的》)

我们从来没有教过如何把各种知识综合起来运用。这样一系列的课程能代表生活吗？充其量不过是上帝在思考创造这个世界时在大脑中闪过的一个目录表，而他甚至还没有想好怎样才能把它们融为一体。(《教育的目的》)

教育的本质在于它那虔诚的宗教性。(《教育的目的》)

宗教性的教育是谆谆教导我们要有责任感和敬畏。(《教育的目的》)

人类利益的这种变化，其结果就要求教育的基础也要作出相应的变化，以便使学生适应那些在日后生活中在事实上影响他们心灵的思想。(《教学课程》)

教育必须是现代的，否则，会像所有有机体一样，难逃消亡的命运。(《教学课程》)

无论是在观念的传授上，还是在能力的培养中，要与现代的思想

相关。(《教学课程》)

显然，生活是多姿多彩的，因而，人们的精神和智力自然也会多方面地发展，以适应这个他们注定要生活于其中的缤纷世界。(《教育的节奏》)

当你丢掉你的课本，烧掉你的听课笔记，忘掉你为了应付考试而背诵的细节，你的学习对你来说才是有用的。(《教育的节奏》)

对价值的认可会给生命增添难以置信的力量，没有它，生活将回复到较低层次的被动状态中。(《自由和训练的节奏》)

三　课程建设

根除科目之间毫无关联的状态，这种分崩离析的局面扼杀了现代课程的生动性。(《教育的目的》)

教育改革的第一要务是，学校必须作为一个独立的单位，必须有自己的经过批准的课程，这些课程应该根据学校自身的需要由其自己的老师开发出来。(《教育的目的》)

每所学校都必须有权考虑自身的特殊情况。为了某种目标把学校进行分类是可以的，但是绝对不要有僵硬的、未经学校自己的老师进行修正的课程。(《教育的目的》)

只给儿童教授一些少而精的科目，让他们对所学的东西进行自由的想象和组合，他们就会利用这些所学的知识去认识世界，并在现实中加

以运用。(《教育的目的》)

在学生心智发展的不同阶段,应该采用不同的课程,采用不同的学习方式。(《教育的节奏》)

在复杂的教育实践中,把较难的内容往后放并不是解决问题的有效方法。(《教育的节奏》)

有关学科顺序先后的原则,我们可以选择必要优先原则。(《教育的节奏》)

致力于发展一种纯粹的智力,必将导致巨大的失败。……历史告诉我们,艺术的全面繁荣是国家通往文明之路的首要行动。(《自由和训练的节奏》)

向青年展示这门(数学)科学,必须摈弃其深奥的一面。直面数学,它必须直接而简练地探讨一些具有深远意义的一般概念。(《教学课程》)

自由教育是一种培养思维能力和审美鉴赏力的教育。(《技术教育及其与科学和文学的关系》)

文化教育本质上是为了行动,应该使工人从盲目的辛苦劳顿中解脱出来。艺术的存在使我们感受这个世界的美妙,它丰富着我们的心灵。(《技术教育及其与科学和文学的关系》)

没有自由的技术教育不可能完美,没有技术的自由教育不可能令人

满意。(《技术教育及其与科学和文学的关系》)

四 教育艺术

教育是一种需要在细节掌握上耐心又耐心的过程。(《教育的目的》)

不能让知识僵化,而要让它生动活泼起来——这是所有教育的核心问题。(《教育的目的》)

人的大脑不是被动地接受知识,它是永恒活动着的,能对外部的刺激作出最精密的反应,你不能像对待工具一样,把它磨锋利了才去使用它。(《教育的目的》)

一种思维训练方式不可能适合所有的儿童。(《教育的目的》)

应该引导孩子们的思维。学生们应该觉得他们是在真正地进行学习,而不只是在表演智力的小步舞蹈。(《教育的目的》)

人的天性各不相同,有很大的差异性,有的人可以鸟瞰、甚至融会贯通整个课程,而另一个人可能发现一些不相干的例证。(《教育的目的》)

我相信,在教育中如果排除差异化,那就是在毁灭生活。(《教育的目的》)

最好的教育是用最简单的工具获得最大限度的知识。(《教育的目的》)

中学教育的误区,就是在应该富有弹性的地方刻板僵化,在应该严谨

严厉的地方却放任自流。(《教育的目的》)

从本质上说，教育必须是对大脑中已经存在的纷繁复杂的骚动进行有序整理的过程。(《教育的节奏》)

我们必须对大脑最初的纷繁复杂的骚动、掌握精确的知识，以及学习的成果给予一视同仁的关注。(《教育的节奏》)

在学生的阶段性求知欲望中，如果教师能够适时地对他们的成功进行鼓励，学生就会为其阶段性的某种成功而感到欣喜，然后开始新的学习。(《教育的节奏》)

教育应该超越对他人思想的被动接受，必须加强创造力。(《自由和训练的节奏》)

如果我们一旦抛弃了用——孩子们无法理解、将来也不会用到的定理去填鸭式地灌输他们——的恶习的话，他们就会有足够的时间，来把他们的注意力集中在一些真正重要的课题上。我们能够使他们知晓真正影响思维的概念。(《教学课程》)

对思想的逻辑的欣赏，是有教养的心理的一种表现，这是在一种专门学习之后才可能具备的一种能力。(《教育的目的》)

激发生命有机体朝着适合自己的方向发展，最自然的方式就是快乐。(《自由和训练的节奏》)

应该寻求一种符合自然发展规律的模式，这种模式本身令人愉快，让人在自身的快乐中去追求并安排个性的发展。(《自由和训练的节奏》)

必须记住，教育绝不是往行李箱里塞满物品的过程。(《自由和训练的节奏》)

成长不能急于求成而超过它特定的范围。(《自由和训练的节奏》)

五　教育节奏

缺乏对智力发展的节奏和特征的认识是我们的教育呆板无效的主要原因。(《教育的节奏》)

我们要努力在学生的心灵纺织出一幅和谐的图案，把对学生直观理解来说个有其内在价值的不同教学内容，调整到各个从属的循环周期中去。我们必须在合适的季节收获合适的作物。(《教育的节奏》)

孩子在青春期的浪漫阶段所表现出来的东西决定了他将来的生活如何被理想和想象所塑造和丰富。(《教育的节奏》)

更为重要的是浪漫阶段，只有它才能如不可阻挡的洪流，把孩子们推向精神世界的的生活。(《教育的节奏》)

在中学阶段，学生伏案专业于自己的课业，而在大学，他应该站起来，环顾四周。(《教育的节奏》)

我们的教育质量必须要适应学生智力发展节奏的相应阶段。(《教育的节奏》)

通往智慧的唯一途径是在知识面前享有绝对的自由；但是通往知识的唯一途径是在获取有条理方面的事实方面的训练。(《自由和训练的节奏》)

没有兴趣就没有智力的发展，兴趣是注意和理解的先决条件。(《自由和训练的节奏》)

鉴于知识的能动性，教育中过分严格的训练是极其有害的。积极而富有创新精神的思维习惯，只有在充分自由的环境下才能产生。(《自由和训练的节奏》)

训练，当它进行的时候，应该满足一种对智慧的自然的渴望，因为这种智慧给原始的经验增添了价值。(《自由和训练的节奏》)

要在实践中发现自由和训练之间的那种确切的平衡，这种平衡能使求知获得最大的收获。(《自由和训练的节奏》)

唯一有重要意义的训练是自我训练——这种训练只有通过充分享有自由才能获得。(《自由和训练的节奏》)

冷玉斌对话洛克

和洛克一起,缓缓前行

冷玉斌,江苏省兴化市第二实验小学教科室主任,小学语文学科带头人,《家庭学校》主编,《新京报》特约书评人,中国教育报2015年度推动读书十大人物。

我的经典阅读

和洛克一起,缓缓前行

各位老师:

大家好!

很高兴有这么一个机会,与大家一起"向大师致敬"!西人卡莱尔有言,"书中横卧着整个过去的灵魂"。谁说不是呢?古往今来,更是有很多很多大师的灵魂在书中熠熠闪光,等待着我们走近,等待着我们承传。

今天我主要谈的是约翰·洛克,及对他一些粗浅的阅读。约翰·洛克是英国著名哲学家,在知识论上,洛克与乔治·贝克莱、大卫·休谟三人被列为英国经验主义代表人物。同时,他在政治哲学上建树甚多,被广泛视为启蒙时代最具影响力的思想家和自由主义者,最为知名的著作是《人类理解论》《论宽容》《政府论》等。

就教育学而言,约翰·洛克是第一个以连续的"意识"来定义自我概念的哲学家,提出了心灵是一块"白板"的假设,这一点与笛卡尔或基督教哲学不同,他认为人生下来是不带有任何记忆和思想的。所以,这一点假设就塑造了他对儿童教育的立场及观念。

我个人已经有一阵子没提洛克了——自然,我此处的洛克更多的是指那位以教育者身份出现,并写出《人类理解论》《教育漫话》《理解能力指导散论》等著作的洛克。在课程必校本、课堂已"翻转"的时代,所谓教育正在以一种义无反顾的姿态如风驰如电掣勇往直前,再与人说洛克,岂止没有与时俱进,简直不合时宜。想想也是,即使那册名闻遐迩又清通好读的《教育漫话》,其中"健康教育"、"道德教育"、"知识与技能教育"的原则与意见,到现在也近四百年了,较之后起种种,怕老早就过时了吧?

真的是这样吗?来看洛克的一段话:

> 近来时常有人对我提及,说不知道如何教养其子女;大家常常有种感慨,说年轻人的堕落成为当前普遍抱怨的话题;因而有人不得不针对该问题发表一些意见……

看上去,洛克这一个"近来……",一直延续到了现在,现在不也还是这样,那时的"提及"与"抱怨"放在当下,也是贴切的。

这段话出自洛克致爱德华·克拉克先生的信札。正是克拉克对洛克的请求,请他指导自己教育子嗣,使得洛克与他有了数年书信往来,全面教授并交流自己的教育心得。最终,这些获赞无数的真知灼见,经洛克本人整理并正式出版,命名为《教育漫话》。

"漫话"所指,大概原意就在于自由表达思考,并不追求某种系统与完整。洛克自己也认为"与其说是拟供公众阅览的论文,不如说是两位朋友之间的私人谈话",但求为克拉克的教育"尽一点绵薄之力"。可正是这些思想深刻而又无拘束的私人谈话,谈出了儿童教育的一般性原则,比如说,洛克的"漫话"开始于对儿童身体健康的关注,连"睡眠"与"排便"都纳入其中。这实在令人倍感"前瞻",要知道,在一年一度的高考日益将近的日子里,所谓8小时充足睡眠对于那些可怜惜的中国考生而言,实在是可有可无的事情。此外,就"身体"、"健康"这一、方面,据某些外国学者所言,是洛克最为持久的遗产之一——直到今天,西方儿童养育手册仍然为食物和睡眠的话题所支配。

正因为这样,《教育漫话》在出版后,超越了他"绅士教育"的主题,跨越了更多时代与阶级的局限,激起了当时更多人践行教育追求德行的渴望,从而"成为欧美乃至世界文化、教育的瑰宝",影响极为深远。

在教育生态与形态日益为大数据所改变的今天,再次走近约翰·洛克,重头读一读"漫话",重温他对教育的重视与期许,尤其对教育力量的信念、对父母教育责任的确认等,这本身无关进步与否,而是会带人重新回到教育的起点,回到那些往往被骄傲的现代人所忽略所轻视的某些基本问题。这样的意义,始终是无可替代的:洛克如此,卢梭如此,杜威如此;《教育漫话》如此,《爱弥儿》如此,《民主主义与教育》如此。

说起来,《教育漫话》对我最初的震动不是书中内容,仅仅是他致爱德华·克拉克信中的一句话,就让那时为师不久的我深感骇然。十多年过去了,时至今日,我还牢牢记得这句话。当时,我读的还是教育科学出版社出版、傅任敢先生翻译的,这封信收为"前言",傅先生的译文是这样的:

> 因为教育上的错误比别的错误更不可轻犯。教育上的错误正和配错了药一样,第一次弄错了决不能借第二次第三次去补救,它们的影响是终身刷洗不掉的。

如今我手头上的是人民教育出版社杨汉麟先生的译本,这封信作为"附录"收在书中,杨先生的译文是这样的:

因为教育上的错误较之别的错误更不可赦免。教育上的错误正与配错了药一样，开始搞错了，决不能借助第二次或第三次去弥补，它们将携带根深蒂固的污点，通过人生的各个道口及车站。

总之，不可轻犯，犯了则不可赦免，就是这样。

当时，对这句话之所以有触目惊心之感，实在是感觉初为人师，很多方面没什么经验，就是班级管理也做得吃力，不犯错怕是不可能，那么这一犯错，不就天大的罪过？这句话固然有修辞之寓，到底还是这个理，教育之误，影响大矣。默念此句良久，想到未来与孩子们一天一天的教与学，更有惶恐与不安。虽然这之后，还是一天一天教书，要说错，也不敢说一个没犯，但至少眼里、手里，常常有这句话——在从事教育的初始阶段，洛克这声当头棒喝，是难得的指路明灯。

就这句话，后来还有故事。2006年左右，某刊物举行一个关于"错误"的教育随笔征文，我从教学日记里索得一则，是在课堂上对学生批评不当，征文写作中，对洛克这句话自然是信手拈来，在文章结尾处就用上了：教育上的错误比别的错误更不可轻犯……

隔了一阵，收到样刊，这篇小小的随笔登出来了，拿着杂志我就想，肯定不是我的文章写得怎么样，而是洛克这句话实在有力量。的确如此，一直到现在，但凡说到教育或教学里的"错误"，我总会下意识地想到洛克，想到他毫无转圜余地的断语。其实，反过来想，错误的不可洗刷，也是洛克对教育力量的坚信，教育者如果能够做适宜的教育，那么，儿童未来携带着"通过人生的各个道口及车站的"，会是什么呢？

在《人类理解论》中，洛克这样写道：

人心达到种种真理的步骤。——最初感官纳入一些个别的观念，以装备还是空虚的小室；人心逐渐熟悉其中某些观念，把它们保存在记忆中，并给予名称。随后，人心进一步把那些观念抽象化，逐渐学习运用概括的名词。……

这一点对后来的哲学与教育均有较大影响，十八世纪法国唯物论者和之后的空想社会主义者的人类智力平等和教育万能等思想，就是从洛克的感觉论中引申出来的。学者一般认为，在《人类理解论》与《教育漫话》中，洛克倾向于"实质教育"，认为普通教育应以获得有价值的知识为主要任务，而学习知识本身就包含着能力的培养，能力无须加以特别训练。

在《教育漫话》这册薄薄的书里，约翰·洛克并未尝试去探究"教育是什么"、"教育的目的"之类宏观问题，甚至很少有理念化的表述，他默认了"我们日常所见到的人中，他们是行为端庄或品质邪恶，是有用或无能，十分之九都由他们的教育所决定。人与人之所以千差万别，均仰仗教育之功。"从这一点出发，他在书里或说之前的书信里，明确表达的就是如何进行"绅士教育"，这是一个大前提（或者说，这就是"教育的目的"）。他的任务就是"要阐明，如何才能培养出符合时代需要的有理性、有德行、有才干的绅士或者有开拓精神的事业家"，他批判了当时英国的传统教育，提倡较广泛的、切合实用的教学内容与方法，并在健康、德育和智育方面提出一系列有价值的建议，即贯穿全书的"具体意见"。

读《教育漫话》，你会惊讶于洛克的睿智与审慎。这些"具体意见"，历经时间洗礼，放在近四百年后的今天，三大方面多数条目仍然极具教育价值，甚至可以说，某些方面直到现在，中国教育还未真正做好，这个可摘一则——"好奇心"。

洛克在第108条、第118条到122条，总共六处提到"好奇心"，前一条讲"应小心地加以珍惜"，后面五条则专讲"怎样对待儿童的好奇心"："儿童的好奇心是一种追求知识的热望，因此应加以鼓励"，"无论儿童提出什么问题，切不可以制止或羞辱，也不可使他受到讥笑"，"通过使儿童领略新奇的事物，引发问题，并提供机会让他们自己去求得了解的方式"……两天前刚读到北大考试研究院院长秦春华先生的演讲，他专讲要保护孩子的好奇心，要鼓励孩子们提出稀奇古怪的问题，不要打击和嘲笑他们提问的积极性。说起来，《教育漫话》出版于1693年，洛克写下这些信则在更早，考虑到这一点，佩服之余，更多的是羞愧。

按学者的说法，"绅士教育"中的"绅士"指的是"资产阶级化了的新贵族"，既然如此，为什么面向上流社会的教育意见会对多数普通民众均产生了巨大的推动力？我觉得，这正是约翰·洛克真正的睿智所在。也许在他心里，他自始至终都是为"绅士"而讲，可是他对"绅士"品质的确定，已经指向着"怎样培养真正的人"。洛克认为，"绅士"应具备的四种品质为"德行、智慧、教养和学问"，放在当时的社会背景下，因阶层之分，这四点可能不能成为所有人的追求，比如洛克就说到很多"恶的仆人"，但当时代往前发展，人的教育愈加被提倡，那么，这四点，必然会成为更多人培养的目标。比如，目前我国"学生核心素养"总框架的建构分为三大块：自主发展、社会参与、文化修养。其中又细分有10个指标，如道德品质、问题解决与创新、审美与人文素养、学会学习、社会责任等，这很难说不是在洛克的四个品质之中。至少，这四个品质确实成就了一个"绅士"，成长了一个"真正的人"。就这四个品质，洛克解读得也很好：

> 这些名词是否有时并不代表同样的事物，或是否真的彼此互相包含，我就不想作深入地探讨了。我现在只是采用这些名词的通行用法，我假定它们已够清楚明白了，可以使我的话能为他人所理解，我希望大家不难明白我的意思。

非但"不难明白",时间越久,是愈加清晰,愈加合乎教育之道。

至于"审慎",我想,洛克最给读者留下印象的就是他观察的周密与不厌其烦的分析,如儿童的"啼哭"、"顽梗"、"榜样",对于"惩戒"的运用等。正如有人评论,当面对儿童的顽梗和决意的反抗而不得不采用鞭笞的时候,洛克对于什么时候打、谁来打、怎么打,都给出了详细的建议,让人惊叹。其中有一"连打8次"的例子,从不曾忘——我倒不是完全支持"在那天早上一连将女儿打了8次"的母亲,而是实在感叹,在洛克那里,原来父母要始终保持如此的理性,即使是在采用最不理性的教育方法的时候。

他的"绅士教育"还有一些审慎的要求,体现了洛克对知识学习的观念。在他身后发表的《理解能力指导散论》一书中,有明确阐述:

> 教育的事务,如我已经注意到的,并不是使年轻人在任何一门科学上达到完善的程度,而是开放和安置他们的心,使他在需要专心于某种科学的时候,能够很好地学习它。……我提出的不是种种知识与知识的宝藏,而是种种思维与思维的自由,是增进心的活动与能力而不是扩大心的所有物。

这一点在《教育漫话》中则反映在"教师应具备的条件及其地位与作用"一节,他认为:"种种学问,都应教会他一点;但旨在开启一条门径,使他得以一窥里面的情形,浅尝辄止,并不要他升堂入室,安营扎寨;如果教师使学生在那里停留太久,或是钻研太深,反而会遭到责难。"洛克强调这一点,就是为了儿童"所最应该追求的事物就是他在世上最需用、最常用的事物",简言之,即"绅士生活"。对这一点,自然需要辩证来看,但的确如他所言,在那时,"一般的教师以为自己的最大任务就是将这种作家的作品去充塞儿童的课业和头脑",倘若古罗马大哲塞涅卡看到,着实"更有理由去说：我们学习不是为了生活，而是为了学校"。遗憾的是，就教育与生活的关联而言，不管怎么说，现如今自己身边的教育，好像仍然也高明不到哪里去。

英国学者R·I·阿龙在其著作《约翰·洛克》里写道：

> 约翰·洛克的著作体现了他那个时代的精神。在这些著作中，我们看到一种对于人生不偏不倚的、宽容的态度，那正是17世纪末英国的典型特征。那种对于冷静的、一丝不苟的思考的热爱，以及对于极端趋向的小心回避，忠实地反映在每一页上。

即使只从《教育漫话》来看，这段描述实属精辟入里，比如"结束语"一节末尾，洛克是这么说的：

> 假如有些爱护自己小宝贝的人士，意外地有勇气，关于孩子的教育问题，敢于问问自己的理性的意见，不去一味服从古老的风俗，我希望这篇文字对于他们能够有些启发。（傅任敢译）

看，洛克果然是"不偏不倚"，"宽容"，"对于极端趋向的小心回避"。他以一种温和又坚定的腔调，提醒着每一位读者，当与他有同样的审慎与明智。对的，"明智"，阿龙的另一句，正是如此：

> 明智是在洛克著作中随处可见的一种美德。

每一页教育"漫话"，反映出的正是他本人作为一名"绅士"对人生的确认，以及他的德行、智慧、教养、学问。他没有很激烈的表达，也很少格言警句式的论述（我始终觉得，关于"错误"那句是最为"爆裂"的，斩钉截铁、不由分说），始终理性并克制。他自己的态度，最终也构成了他的人生。谁都明白，《教育漫话》是讲教育儿童的，但就自我教育而言，不也有着极高的参考价值？洛克说教师的重要工作是在学生身上"培养风度，培养心智；养成良好的习惯，坚守德行与智慧的原则；一点一滴地传授关于人类的观念；使学生喜爱并模仿良好的值得夸奖的行为"，谁能否认，这些重要工作不是教师对自己的最好的自我教育？

我对洛克的阅读仅止于以上几册教育主题突出的书籍。他的政治哲学，他的"自由主义"，我未曾深入，只粗浅知道一点这个作为教育者形象的洛克，但是，这并不影响我对他的喜爱和尊崇。我想，如他本人所言，我阅读洛克，并不是要在关于他的学问上达到完善的程度，而是"开放和安置"自己的心。回头去看，约翰·洛克这位"受过训练的学者"，"专心追求过真理的人"，确确实实震动过我、教育过我、鼓舞过我，让我的心得到开放和安置。所以，我愿意模仿哈珀·李说上一句，"在这样一个富足的社会里，人们有手提电脑、手机、iPad、像空房间一般的心灵"，而我，还愿意和约翰·洛克一起，在教育的道路上缓缓前行。

大概，这也没什么不可以。

写给洛克的一封信

"漫话"中存在教养大世界

尊敬的约翰·洛克先生:

您好!

很高兴有这么一个机会,与您说说话。虽然在面对您的时候,其实很有些不好意思,因为,我来自中国,在您的《教育漫话》里,中国人是作为一个反面案例出现的——在谈论健康教育时,有关"衣着"的讲述,您专门举了中国人的例子:

> 众所周知,中国的妇女由于从小身体受到严重束缚,造就了三寸金莲——我想象不出这样做会产生何种美感。

由此,您得出结论,即"血液循环受阻",整个身体的成长与健康从而深受其害。

我必须承认,您的说法丝毫没错。就"缠足"一事,中国妇女受尽了委屈,甚至"委屈"一词都不能道尽其辛酸之万一——所以,我也必须带着高兴与欢欣告诉您,我所生活的时代,距您近四百年,而"缠足"之陋习在距今一百多年前已被当时的政府明令废除,至少在如今的中国,早就无人受此苦痛。这么说起来,中国与中国人也是有进步的，是吧？

作为一名您有关著作的普通读者——"普通读者"，这个说法来自您的同乡约翰逊博士，在他心目中，普通读者是这样一种人：

> 他没有那么高的教养，造物主也没有赏给他那么大的才能。他读书，是为了自己高兴，而不是为了向别人传授知识，也不是为了纠正别人的看法。……他一会儿抓住一首诗，一会儿抓住一本旧书片断，也不管它从哪儿弄来的，也不管它属于何等品类，只求投合自己的心意，能将自己心造的意象结构圆满就成，又总是这么匆匆忙忙，表述又不准确，而且浮浮浅浅。

我想，我读您的著作，如《教育漫话》，如《理解能力指导散论》，都"不是为了向别人传授知识，也不是为了纠正别人的看法"，而是借着您的"漫话"，去感受一位智者对教育这件事睿智、平和的思考，并通过您提出的各种策略，开启自己的教育生涯——对的，我要插入解释一下，我是一名小学教师——即使浮浮浅浅，始终投合心意。

您的《教育漫话》，原来是写给乡绅爱德华·克拉克的书信。在书信里您向克拉克全面传授、交流了自己的教育心得。一直到今天，您所表达的真知灼见仍在发挥影响。就我个人而言，这本薄薄的"漫话"也算得上是我的教育启蒙读物，所以，当读到您在《教育漫话》问世之时写给克拉克的信里有这么一句：

> 将来若有与我的朋友怀有类似估计与见解之人，也都欣赏这些文字，认为付诸印刷物有所值，那么，我便要以它们并非是无效劳动而聊以自慰了。

我一下子就笑了，这当然不是无效劳动，这是很有必要的决定与行动。"漫话"之中，的确存在着一个教育教养大世界，您用您的主张，使年轻人得到最好的教导，不仅"有所裨益"，实在是功德无量。

目前，我在中国读到的这一版《教育漫话》所收录的应该就是您当年整理出版的那些，总共是217节，分为三个部分，第1—30节论述体育保健；第31—146节论述道德教育；第147—216节论述智育（包括学问、知识和技能等）；第217节为结论，全书由杨汉麟先生翻译。

就这本书而言，我不仅喜欢您所讲的内容，我还特别欣赏这种条目章节式的形式，"与其说是拟供公众阅览的论文，不如说是两位朋友之间的私人谈话"。所以，在写给您的这封信里，我同样以这样的形式来表达，但愿不会冒犯。请您相信，我这么来写完全是因为对您的喜欢。

本来我还在思考，是否应该向您稍稍介绍一下我所处的教育环境与教育现状，但很快就决意不多此一举。因为就像您在《教育漫话》一开头就开宗明义的，"对于人世幸福状态的一种简洁而充分的描绘是：健康的精神寓于健康的身体"，我很认同这一认点，这是任何时代任何地区的教育所要面向的终极目标，这一点，即便我生活的时代离您甚远，也没有什么不同。唯一要说的就是，目前，我们与这幸福状态，还隔着一个讲台的距离，或者说，我们的"讲台"，未能将这样的幸福更多地带给孩子。

您在"健康教育"里专门辟出一节谈"睡眠与卧床"。对于睡眠时间，您是这么讲的：

> 我想那时着手将他们的睡眠时间逐渐减少到每天8小时左右是适宜的。健康的成长每天有8小时睡眠通常就够了。

我手头有一份朋友发来的某高中作息时间表。

河北省 XX 中学作息时间表

5:30 起床	14:05-14:45 第六节
5:45 早操	14:55-15:35 第七节
6:00-6:30 早读	15:35-15:55 眼保健操
6:30-7:10 早饭	15:55-16:35 第八节
7:10-7:35 早预备	16:45-17:25 第九节
7:45-8:25 第一节	17:35-18:15 第十节
8:35-9:15 第二节	18:15-18:50 晚饭
9:25-10:05 第三节	18:50-19:10 看新闻
10:05-10:30 课间操	19:15-20:00 晚一
10:30-11:10 第四节	20:10-20:55 晚二
11:20-12:00 第五节	21:05-21:50 晚三
12:00-12:45 午饭	21:50-22:10 洗漱
12:45-13:45 午休	22:20 寝室熄灯
13:45 起床	

睡眠时间看似还行，可是，对于正当好年华的高中孩子，对他们的活泼泼的生命，这种高强度、快节奏的课程安排，还是相当挑战的吧？此外，还有更多高中（包括这所高中）学生实际的作息时间要延伸至深夜，晚上十点半能够上床，已经是一种莫大的幸运。

在"健康教育"方面，您的很多观点与做法已经成为后代养育儿童的一般常识，尤其在运动与喂养等方面。只是其中一点我是有不同意见的，就是"冷水洗脚"，现在的医学已经确证，冷水洗脚对身体着实无益——当然，您是从"锻炼"的角度着眼，"在三九寒冬时节，也未曾有一日中断"。您还说孩子的鞋子应该很薄，"遇到须踩水时，水可浸入"，我敬佩您一以贯之的对孩子的不娇惯，但仅就此点，站在健康发展的立场上，实则对孩子身体不利。

您在"漫话"中最为着力的是"道德教育"。应该说，就这部分而言，您已经构建了一套完备的从小开始培养、从小开始熏陶的德育体系，很多具体分析，如儿童啼哭、求真向善、撒谎与狡猾的不良后果，包括文明礼貌的行为等，都精辟深刻、入木三分，至今给我莫大的教益。我其实很好奇，同时也很崇拜地再三思虑，您到底是如何归纳出这些的，这些都是来自您做"家庭教师"的观察与体验？我不得不说，这果然是"观念的力量"。

洛克先生，从您开始担任家庭教师，到与克拉克先生通信，到《教育漫话》整理发表，再到您身后方得出版的《理解能力指导散论》，这一路过来，您的教育观始终扎根在一点，我个人尤其认同这一点，这就是您在《理解能力指导散论》中明确讲出的：

> 教育的事务，如我已经注意到的，并不是使年轻人在任何一门科学上达到完善的程度，而是开放和安置他们的心，使他在需要专心于某种科学的时候，能够很好地学习它。……我提出的不是种种知识与知识的宝藏，而是种种思维与思维的自由，是增进心的活动与能力而不是扩大心的所有物。

自此以后，人类历史又向前延展数百年，您的策略、形式等也未必全然过时。上述这一句，是最让我深感受教的，"心的活动与能力"而非学科本位，这该是多么的通透与前瞻，让您的视野与见地，跨越时间的鸿沟，依然可以落实在当下的教育。好几年前，我读到法国学者阿尔贝·雅卡尔的一番话：

> 教育就是启蒙孩子做交流的游戏，与周围的人互相交流，与过去的或其他地方的人群和文明做单向交流。所以，不管教育的内容是什么，是数学、物理、历史还是哲学，其目的并不是提供知识，而是借助知识，提供让人可以参与交流的最佳途径。

虽然他是透过另一个角度——"交往"，但我仍然从中听到了遥远的回响，朝向您的。

　　谁都知道，在"漫话"里，您的主题是"绅士教育"，培养出符合时代需要的有理性、有德行、有才干的绅士或者有开拓精神的事业家。我在阅读时，固然是将其作为培养他人的教义与训诫，但是，我更要坦诚相告的是，很多时候，我是将"漫话"作为自我教育之书来用的。要培养绅士，最棒的就是先将自己培养成一位绅士。就这一点，毫无疑问，您是榜样。

　　据说，您在离开这个世界前的最后一句话是这样的：我活得够久了，感谢上帝让我度过了快乐的一生，但归根结底，生活是庸俗乏味的。

　　庸俗吗？乏味吗？或许这是生活的本质，是您对生活的"观念"。对于一位满足于小康命运的人、一位受过训练的学者、一位专心追求过真理的人，纵然有过跌宕，有过起伏，您也可以说一句："告诉他们，我度过了美好的一生。"这是属于您的快乐的一生。

　　让我们回到《教育漫话》，回到在书出版后您给克拉克先生的那封信里，您对他说：

> 　　使儿童接受良好的教育是一般父母的责任，也是他们关注的问题，国家的幸福与繁荣也要依靠儿童良好的教育，所以我愿人人都来认真思考这个问题，将奇想、习俗或理智在教育中的作用作一番认真的考察及辨别，然后伸出援助之手，提倡那种按照年轻人的不同境遇而予以训练的方法，那是一种最容易、最简单、最可行的为其各自职业准备有德行、有效用、有能力的人才的方法。

　　我试着揣想您写下这段话时的神态与心理，到底是什么力量让您说出这等无论古今、通达人性的话来？

　　我特别喜欢这一段话，这是超越了时代与人群的教育的箴言，实实在在的，它是教育的原点，也是教育的终点。

　　洛克先生，感谢您，感谢您的"漫话"，感谢您的指导，正像您说的这样，您用朋友谈心的热忱与笃定，向我"伸出援助之手"，让我没有因境遇的不同而忽略教育的实质，从而践行了应有的教育之道，并且获得了最好的自我教育。这，是最重要的。

洛克先生，能够长久地将您放在心底，持续阅读《教育漫话》，这同样是我的幸福。也希望，您可以感受到我对您的纪念，并能确信，它的确是最好的。

很多很多祝福！

冷玉斌

2016 年 5 月 21

洛克教育箴言

一　健康教育

对于人世幸福状态的一种简洁而充分的描绘是：健康的精神寓于健康的身体。(《教育漫话·教育的作用及健康教育的意义》)

我们日常所见到的人中，他是行为端庄或品质邪恶，是有用或无能，十分之九都由他们的教育所决定。人与人之所以千差万别，均仰仗教育之功。(《教育漫话·教育的作用及健康教育的意义》)

还有一件事对于每个人尤其是儿童的健康极有好处，这就是要多到户外活动，即使在冬天，也应尽量少烤火。这样，他就惯于既能忍受寒冷，又不畏惧火热，既不怕骄阳，也不怵风雨了；若是一个人的身体连冷热晴雨都不能忍受，这样的身体对于他活在世上又有多大帮助呢？(《教育漫话·游泳与户外活动》)

随着年龄增长，自由便应随之到来，在绝大多数事情上，他必须获得信任，用他自己的行动去应付，因为他不能永远处于他人的保护之下；只有在他心目中树立良好的原则，在他身上形成良好的习惯，才是最好、最

可靠的,所以也是最应关注的。(《教育漫话·游泳与户外活动》)

一个绅士,无论处在何种年龄段,都应这样养育,务使他能随时操刀舞剑,当好一名士兵。一个人使其子生来就只会仰仗老子留给自己的大笔财富优哉游哉,安逸度日,他若是这样养育儿子,那么这种人既不曾借鉴过所见到的榜样,也不明白自己所处时代的需要。(《教育漫话·饮食与用餐》)

我认为有些并非完全随意的动作,通过应用与长期练习,只要持之以恒,坚持不懈,假以时日,它们都是可以成为习惯的。(《教育漫话·排便》)

与身体及健康有关的事宜,我这就说完了,总结起来可以归纳为如下几条极易遵守的规则:大量呼吸新鲜空气,经常运动,睡眠充足;食物须清淡,不喝酒或烈性饮料,少用乃至不用药物;衣着不可过暖、过紧,尤其是头、脚要保持凉爽,脚应习惯与冷水接触,不怕暴露在潮湿的环境中。(《教育漫话·身体保健的规则》)

二 道德教育

要格外重视儿童的精神的形成,而且须及早形成,这足以影响他们今后一生的生活。因为他们做事或好或坏,随之而来的赞扬或责备便会与其所受的教育相联系;他们如果在某件事上出了差错,人们便要批评,声称那样的结果是符合其所受的教养的。(《教育漫话·重视儿童精神形成的意义及德行的原则》)

据本人观察,人们在教养儿童方面有个重大错误,对一个问题没有给予及时充分的注意;这就是人的精神在最纤弱、最容易支配之时未能使其

习惯于遵守纪律，服从理智。(《教育漫话·早期教育的意义及教育不当的危害》)

当其他动物幼小时，我们对待它们的办法通常相当聪明；我们知道为了使之成为有用的动物，或适于某种用途，必须及时训练。我们惟有对于自己的后代，在这一点上疏忽大意；我们将他们变成了劣迹斑斑的顽童，却又愚蠢地希望他们长成谦谦君子。(《教育漫话·早期教育的意义及教育不当的危害》)

处在各种年龄段的人具有各种不同的欲望喜好，这并非错误；但若不能使欲望接受理性的规范与约束就是问题了；其中的区别不在有无欲望，而在有无控制欲望的能力与克制自己某种欲望的功夫。(《教育漫话·早期教育的意义及教育不当的危害》)

大多数儿童天天听到的一课是："给我一根棍子，我要揍他。"也许有人认为这种教训无伤大雅，因为儿童手劲很小，干不出任何出格之事。但是我要问一句，难道这种教诲就不至于败坏他们的精神吗？难道这不就是他们开始实施强权与暴力的一种方式？(《教育漫话·早期教育的意义及教育不当的危害》)

对我来说有一件清楚明白的事情是：一切德行与美善的原则在于，当欲望得不到理性认同时，我们需要具有克制自身欲望得到满足的能力。这种能力的获得及改进依靠习惯，而使之轻松、熟练地发挥则靠早期实践。(《教育漫话·教育儿童用理智克服欲望》)

我知道儿童毕竟是儿童，他们应该受到善待，他们应该嬉戏，应该享有玩具。我的意思只是说，儿童向往得到的东西，或是想去做的事，如果对他们并不合适，我们就决不可因为体谅他们年幼，或是他们喜欢，便慨然答应；恰恰相反，无论他们怎样急切，纠缠不休，他们必须明白，惟其纠缠，他们就要遭拒。(《教育漫话·教育儿童用理智克服欲望》)

儿童的年龄越小，则其蛮横、违反秩序的欲望宜越少予以满足；儿童自己的理性越少，就越应该置身于管理者的绝对权力之下，并受到权威的约束。(《教育漫话·教育儿童用理智克服欲望》)

我认为，每个人作出以下的判断是符合理性的，这就是：子女年幼时，应该视父母如君主，即具有绝对权力的统治者，以这样的方式去敬畏父母；而一旦到了成熟的年龄，则应当视父母为他们最好的、惟一可信赖的朋友，以这样的方式去热爱与尊敬他们。(《教育漫话·及早管教的意义及亲子关系》)

每个人都会有一个全凭自身形象与自身行为去赢得他人信赖的时候；一个善良、有德行、能干的人必须从内部去打造。所以他所应接受的教育，他所需改变的观念，以及影响其生活的力量，都应及时提供给他；那已是一种植入其天性、奉为圭臬的习惯；而不是由于害怕，仅仅为了避免父亲现在的愤怒，恐怕他会剥夺自己的遗产继承权，而伪装出来的行为或外在的掩饰。(《教育漫话·及早管教的意义及亲子关系》)

凡是不能控制自己的嗜好、不知听从理智的指导行事去摒弃眼下的快乐或痛苦纠缠的人，他就缺乏德行与勤勉的真正原则，就有流于百无一用的危险。(《教育漫话·对儿童管教的方法、措施》)

倘若谁能寻觅到一种方法，既使得儿童的精神保持畅通、活泼、自由，又使他能抑制自己对于诸多事物的欲望，而去接近那些对他来说并非安易的事物，那么，我要说，依据本人的意见，此君便能调和这些表面的矛盾，并懂得了教育的真正秘诀。(《教育漫话·对儿童管教的方法、措施》)

率真的不加修饰的本性，任其自然的态度，远比人为的丑态及诸如习得的令人倒胃的时髦模样要好得多。倘若我们自己没有多少成就，或是行为方面有缺憾，态度不能达到十分优雅的境地，通常会滑出人们的视野，不会遭人指责。但若我们的举止中无论哪一部分含有矫揉造作的成分，则不啻给自己的缺点点燃了一支蜡烛；结果必定引起他人注意，不是被认为见识短浅，就是说缺乏真挚。(《教育漫话·矫揉造作的弊端》)

教育上不易做到而又具有价值的目标之一，正是德行——直接的德行，而不是鲁莽冒失，也不是任何赖以混世的雕虫小技。所有其他的考虑与业绩都应让路，推迟到此目标之后再作打算。惟有德行才是坚实的、实质的善，对此，教师不应照本宣科及空谈泛论，而应利用教育工作与教育技巧，把德行供给心理，将其固定在心田，在年轻人对德行产生真正的爱好，并将其力量、荣誉和快乐置于其中之前，决不可停止努力。(《教育漫话·教师及家庭教育的作用》)

儿童应学之事，决不可变成儿童的一种负担，也不应当作一种任务去强加给他们。否则哪怕他们原本喜爱那种事情，他们也会立刻感到乏味，厌恶之心油然而生，或者持漠然态度。(《教育漫话·儿童的管教与惩罚》)

我们有一件重要的，值得我们全力以赴去做的事是：即使他因心情不好，或是另有所好，在其他事情的学习上表现不佳，我们仍应教他养成一种自控的能力；对于某事虽然做得正起劲，但能拿得起，放得下，并不为难甚至愉快地转向其他事情；一旦得到理智或其他人的忠告指点，要能摆脱懒散的情绪，精力充沛地去做好该做的事情。(《教育漫话·儿童的管教与惩罚》)

我一提到对待孩子也要说理，人们也许会感到不解；但我们却不能不认定这应是对待他们的真正方式。儿童一到使用语言之日，就是明了道理之时；如果我的观察不错，儿童之希望被看作是具有理性的生物，远比人们通常想象的年龄为早。他们这种自负的态度应当得到珍惜，我们也应尽量利用这种态度，将其作为支配儿童的重要工具。(《教育漫话·儿童的管教与惩罚》)

凡是你为令郎精神上的利益考虑而做的事，都可以视为你对他的真正慈爱，即使少留给他财产，也没有关系。一个聪敏善良的人，无论在别人的议论中还是在事实上，都很难不被认可为伟大与幸福之人。然而一个愚蠢或邪恶的人，无论你留给他多少财产，他仍是既不伟大，也不幸福的。(《教育漫话·教师应具备的条件及其地位与作用》)

我以为真正的刚毅是：当一个人无论被什么灾祸或危险缠身时，都能镇定自如，不受干扰地尽其职责，能够达到这种境地的成人原来就很少，我们更不能指望儿童都去做到。不过有一些事情还是可以做的；如果指导得当，逐步进行，他们可达到的境地比人们所预期的也许还要高远。(《教育漫话·儿童的自然倾向、合理与不合理要求的表现及对策》)

一个绅士的第二种美德是良好的教养。不良教养在行为举止上有两种表现：一种是忸怩羞怯，另一种是轻狂放肆。要避免这两种情况就须恪守

一条规则，即：不可轻视自己，也不要藐视他人。(《教育漫话·教养》)

人类如此坚定不移地不断追求的幸福是快乐，由此不难理解，为什么有礼貌的人较之有用处的更能受到别人的青睐。一个重要的、有价值的人（或是一个真正朋友）的能力、诚挚和善意，极难抵消其严峻与冥顽的表白所产生的不安。……凡是知道如何使得交流对方舒畅自在，而自己又不至于降低身份溜须奉迎的人，他就可以说是掌握了处世的真诀，到处都会受到欢迎与器重。所以礼貌乃是置于首位的大事，应特别小心地在儿童及青年身上养成习惯。(《教育漫话·教养》)

三　知识与技能教育

我想，如果有人竟然不知道将一个德者或者智者看得远比一个大学者更为可贵，你也会觉得他是一个愚不可及之人。我并不否认，对于心智健全的人来说，学问对于辅佐德行与智慧都极有帮助，然而同时我们也得承认，对心智不是那么健全的人来说，学问就徒然使他们更加愚蠢，乃至沦落。我说这些话的意思，是要你在考虑令郎的教养，为他寻求一个教员或教师的时候，不可只是一心想着拉丁语和逻辑。学问固然不可少，但应居于第二位，只能作为辅助更重要的品质之用。(《教育漫话·学问在教育中的地位》)

你应该极力注意，决不可把读书当作他的一种工作，也不可使他把读书看成一项任务。我已经说过，我们甚至从摇篮时代起就是自然而然地爱好自由的，所以我们对于许多事情之所以感到憎恶，不为别的，只因那些事情均系强加于我们之故。(《教育漫话·如何诱导儿童学习》)

我常发一种奇想：学习可以变成儿童的一种游戏、一项娱乐；觉得如果学习被儿童当作一件充满荣耀、名誉、快乐及娱乐意味的事情，或是把它当成了某事的奖励；假如他们从未因为忽略了求学就受到责备或惩罚，他们是会向往求学受教的。(《教育漫话·如何诱导儿童学习》)

教师的突出技巧在于集中并且保持学生的注意；一旦办到之后，他就可以在学生能力所及的范围内向前推进；如果他不能集中并保持学生的注意，他的所有忙乱辛劳就会是无的放矢。为了达到此目的，他应该使儿童理解（尽其所能地理解）他所教授的东西的用途，应该让儿童知道，利用他所学过的知识，他就能够作出以前不能做的事情了；这种事情能给他以力量，使他具有真正的优势，凌驾于对此一无所知者之上。(《教育漫话·教师的合理教学方法及技巧》)

对于儿童的忙忙碌碌而无片刻安宁的性向，应随时加以指导，使之去做对自身有益的事情，这样做的优点有两个。其一是，通过练习获得的技巧自身就是值得掌握的。这种技巧不仅存在于语言及学生所学的各门科学中，而且存在于绘画、切削、园艺、淬火、打铁等各种行业中，而所有这些有用的技艺都是值得掌握的。第二个优点是，毋庸置疑，练习自身对于儿童的健康也是必要的或有益的。(《教育漫话·技能教育的作用》)

教育的最后一部分通常是旅行；一般认为，旅行之后便大功告成，造就一个绅士的工作终告结束。我承认，到国外去旅行颇为有益，然而通常选择派遣年轻人出国旅行的时间，在我看来，是极难使那种益处在年轻人身上体现出来的。旅行的主要好处可以归纳成两类：第一是语言，其次是通过多观察，接触各种在脾性、习俗及生活方式上彼此不同的人们，尤其是与自己所在教区及邻近地区有别的人们，增进智慧与持重能力。(《教育漫话·关于儿童旅行的意见》)

后　记

　　一场推动区域教师阅读的行动，一次因为读书而促成的美丽约会，催生了本书。

　　2012年，厦门市海沧区教育局开始推动"书香校园"建设，倡导教师阅读，发出了"书香海沧 教师领航"的倡议，并随之开展了推荐好书、读书征文等活动，营造了较好的阅读氛围。有了这样的基础，2014年4月23日，海沧区教育局正式启动了"书香海沧 教师领航"教师全员阅读行动：从各学校挑选了103名阅读"种子教师"组成一级教师读书共同体，再由每个"种子教师"在自己所在学校组织一个二级读书共同体。以"种子教师"共同体活动为载体，培养教师阅读的领路人，再通过种子教师的"传、帮、带"和二级读书共同体的共读、传递、分享等活动，改善学校的文化生态，让阅读逐渐成为教师的生活方式。同时，通过"教师领航"，将阅读延伸到家庭、社区，带动整个区域居民的阅读，提升整个区域的文化品质。

　　为什么要如此大张旗鼓地推动教师阅读？华东师范大学出版社编辑朱永通先生在《读书，海沧种子教师的内修课》一文中这样说："教育本质上是精神性的事业，离开阅读，学校的精神性发展极有可能是一句空话。作为教书先生的教师，本来是最应当如饥似渴地吮吸知识的群体，却日渐远离书本，一点书卷气也没有！远离书本靠近的往往是无知！"的确，正因为教师阅读对教师精神的发育如此重要，但作为最应该亲近书籍的一个群体，教师的阅读现状却不容乐观，才引发我们运用行政力量推动教师阅读的初衷。雅思贝尔斯说:"教育是一颗树摇动另一颗树,是一朵云推动另一朵云,是一个灵魂唤醒另一个灵魂。"灵魂和肉体的生存生长一样,是需要养分的,不能想象,一个缺乏营养发育不良的灵魂怎么可能去唤醒另一个灵魂!而书籍无疑是灵魂最好的养分来源。"半亩方塘一鉴开,天光云影共徘徊。问渠那得清如许,为有源头活水来。"如果把人喻为这"半亩方塘",灵魂就如这塘中的水,而"阅读"正是这水的"源头",正因为有了这个源头,才有水塘的"清如许",才有"天光云影共徘徊"的万千景象。优秀的书籍具有无限的魅力和力量,能够给人或美的感受,或情感的共鸣,或智慧的启迪。好的文字具有时空的穿透力,能够直抵心灵,能够唤醒冷漠,能够砥砺心智,能够淬炼灵魂。这正是教师阅读的意义。

七十多年前,在美国,莫提默·J·艾德勒、查尔斯·范多伦在《如何阅读一本书》中写下这样一句话:"现代媒体正以压倒性的泛滥资讯阻碍了我们的理解力。"当包装精美的资讯让你不需要面对困难或努力就能整理出你"自己"的思绪的时候,你只是在寻找你所需要的适当言论,不用自己做结论,甚至不用思考就"表现得宜"。在一个数字化、碎片化阅读成为越来越多人主要阅读方式的时代,如果不想被外界裹挟,从而让自己的头脑成为别人思想的"跑马场"失去自我,那么,阅读什么、怎样阅读就显得尤其重要。为此,2015年11月,海沧区教育局与华东师范大学出版社合作以"向经典致敬:一线教师如何与教育大师对话"为主题,举办"海沧区第二届教育阅读节暨大夏书系读书节"活动,邀请一线教师中的阅读者分享与教育大师的对话。在这场盛会中,来自上海的朱煜老师给大家带来了与孔子的对话,来自苏州的杨斌老师带来了与叶圣陶的对话,来自杭州的闫学老师和来自福建东山的王木春老师带来了与苏霍姆林斯基的对话,来自江苏南通的邱磊老师则分享了与杜威的对话。几位名师相聚海沧,带领海沧教师经历了一场"阅读经典"的精神之旅,让大家窥视到教育经典穿透时空隧道的耀眼光芒,触摸到专业阅读的门径。

同道相逢，心灵相契。"阅读节"活动期间，朱永通老师、《中国教育报·读书周刊》主编王珺老师提议：将此次与教育大师对话讲座整理出来结集出版，既留下此次盛会的精神结晶，也是对同道相遇的一个最好纪念，同时也让更多喜欢阅读的老师受益于这样的一次活动。几位名师欣然答应，并承大家抬爱，让我作为"阅读节"活动的东道主牵头组稿。尤其值得一提的是，在我们即将成书之际，朱永通老师又邀请江苏的冷玉斌老师赐稿结集，冷老师虽素未谋面，亦是慨然应允，让这本书又多了"洛克"这样一位大家，又厚重了几分！

行文至此，倍觉温暖！

若无同道厚爱不能成，一群喜爱阅读的人的一次约会造就了这本书。首先要感谢玉成此书并长期关心支持海沧教师阅读行动的朱永通老师、王珺老师以及华东师范大学出版社北京分社的各位朋友，正因为他们的牵线搭桥，才有了大家的相聚，也因为他们的提议，才有了留下文字结集行动。其次要感谢本书各篇章作者朱煜老师、杨斌老师、王木春老师、邱磊老师、冷玉斌老师，在组稿过程中，他们学养之深厚和治学之严谨让我钦佩不已，在此向他们致崇高敬意，对他们给予我的信任、支持再致诚挚感谢！

若无"书香海沧 教师领航"教师阅读行动此书亦不能成，这一行动是本书孕育的土壤。"书香海沧 教师领航"得益于海沧区教育局陆晓红局长、朱校园副局长、王淑芳副书记、徐剑波处长等领导的高度重视和大力推动，得益于我的同事周扣平、林虹、王双莲、林秋雁、许耀琳、席霍斌等老师所做的大量工作和默默的付出，也得益于海沧区各中小学校、幼儿园领导和老师的参与真诚支持，在此一并感谢！

向经典致敬，向乐于"直扑经典"的同道致敬，向静守教育的同行致敬！

孙明云
2016年5月于厦门海沧